東大教授が
ゆるっと教える

独学リスキリング入門

柳川範之
Yanagawa Noriyuki

中央公論新社

まえがき——誰でもやり直せます、いつでも学び直せます

この本で皆さんにお伝えしたいのは、いくつになっても、どんな状況になっても、新しい扉を開くための方法です。

「人生100年時代」と言われるようになり、社会人の学び直しの必要性がマスコミやSNS等で伝えられることも増えてきました。たとえば、企業が大きく構造を転換するという時に、それに合わせて新しい分野に対する能力やスキルを身につけてほしいといった声です。こういった学びは昨今、「リスキリング」と呼ばれ、注目を集めています。そうした情報に接すると、会社目線で語られることが多いこともあり、必要に迫られて勉強し直さないといけない、リスキリングをしないと大変なことになるらしい、という発想にどうしてもなりがちです。

でも、本当に大切なことは、誰かに強制されることなく、それぞれが自分の新しい可能性

を切り拓くことでしょう。そして、学びというのはそのための大きな武器となるものなのです。リスキリングで大切なのも、新しい知識を学ぶというよりは、今までの発想を切り替えることです。それによって、新しい方向に踏み出すことが容易になります。

この本が、独学をひとつの柱にしているのも、この点からです。別に一人で孤独に学ぶ必要はないのです。でも、自分らしく、自分のやりたいことをやるために、自分で必要だと思う能力を身につける、そういう学びがこれから必要になってきます。そして、それを実践するのが独学なのです。その結果、人から与えられたことだけを覚えるのではなく、自分で考えるクセがつき、自分自身で自分の未来をマネジメントすることにも役立つでしょう。

本書の第二部（3～5章）では私が学生時代に「独学」で切り拓いたキャリア形成の体験談を書いています（『独学という道もある』ちくまプリマー新書、2009年を再編集しました）。私が理想的な独学生活を送ってきた、というつもりはないのですが、こんな経験をしてきた人もいるんだ、という視点で読んでいただければ幸いです。

独学のコツのひとつは、がんばりすぎないことです。まじめに取り組もうとするあまり、三日坊主に終わってしまった。そんな自分にがっかりして、「怠け者だから独学はムリ」だなんて決めつけるのは、非常にもったいないです。なぜなら、誰にとっても独学はそんなものだからです。

　ましてや仕事や家事に追われているときに、そんなに計画どおりできるわけがないからです。計画どおりにできない自分にがっかりするのではなくて、それが普通だと思って、やれるときにやれる範囲で学べばいい。あきらめたり行き詰まったりして、目標の一部しか達成できなかったとしても、ムリせず他の勉強や活動をしているうちに、自然とやる気が戻ってきたり、打開策が見つかったりするものです。

　確かに世の中は変わっています。その変化をむしろチャンスに変えることが大切です。そのためには、今までの既存概念にしばられない発想がいろいろなところで求められるようになるでしょう。独学だけでなく、働き方やライフスタイルも、当然変わってくるはずです。人生１００年時代であれば、20歳以降の人生も、20～40歳、40～60歳、60～80歳をめどに切り替えると、人生を3回生きられます。

　こんなふうに本書では独学のちょっとしたコツや「リスキリング」のノウハウについても、随時お伝えしていきたいと思います。年齢、世代を問わず「一生モノ」の本質だけを詰め込んだノウハウです。

「独学」を武器に、一粒で三度美味しい人生を一緒に過ごしてみませんか。

2024年2月

柳川範之

東大教授がゆるっと教える 独学リスキリング入門●目次

東大教授がゆるっと教える　独学リスキリング入門

第一部

働くみんなの「リスキリング」入門

1章 「なぜ今リスキリング？」の疑問に答えます

どんな世代にもチャンスがある

今は給料もあまり上がらなくなり、世の中が大きく好転していくとなかなか思えない時代かもしれません。しかし、世界は確実に大きく変化しています。極端に言えば、どんな世代にも大きなチャンスがある、そんな時代になってきているのです。

もちろん、誰でも一気に大金持ちになれるといった夢物語を主張するつもりはありません。そうではなく、将来に希望が持てなくなっている、あるいは未来に閉塞感《へいそくかん》がある、そんな状況を変えて、新しく、もっとやりたいことを見つけて、それに向かって充実した生活を送る、それができる可能性が大きくなっている時代なのです。

その大きな原動力は、技術革新です。デジタル化やＡＩの発達は、我々の生活を便利にしてくれると実感できる反面、仕事の面では職を奪われてしまうのではないか、十分な給料をもらえなくなってしまうのではないかと思いがちです。しかし、生活を便利にする技術革新であれば、それは、本当は我々の仕事も便利にし、新しいチャンスを導き出してくれるものであるはずです。

ただ、このチャンスは、今までと同じ発想、同じ仕事の仕方を続けるだけで舞い込んでくるというわけではないのも事実です。

既存概念を振り払おう

大事なことは、今まで暗黙に想定していた縛りを取り払うことです。「こんなことはできないはずだ」とか、「こんなことはやったことがない」等といった既存概念がどうしても行動を縛ってしまいがちです。

技術革新が社会に与える大きな変化は、今までにできなかったことができるようになるということです。その成果を享受するためには、こちらの側も既存概念に縛られることなく、

「今までできなかったこともできるはずだ」という、より自由な発想を身につける必要があります。

具体的に変わった大きな点をひとつあげると、大企業に頼らなくてもできる仕事が圧倒的に増えた点が挙げられます。

たとえば、かつては、自分で曲を作ってレコーディングするには機材やスタジオが必要でしたし、それを多くの人に聴いてもらうには、大手レコード会社に認めてもらいレコードを流通させてもらう必要がありました。ところが今はどうでしょう。いつも使っているスマホがあれば、高音質の録音が簡単にできます。そしてYouTube等を活用すれば、一人でほとんど費用をかけることなく、世界に向けて発信することができます。

つまり大手レコード会社を通さなければ曲を発表できない、という既存概念は覆されているのです。これは極端な例ですが、どんな世界でも大きな変化が起きています。ただ、その変化は、今までの発想にとらわれてしまうと、自分には関係ない、自分には縁のない変化だと思ってしまうのです。

本書は、いくつになっても、自分で学び続けることの意味を提示する本ですが、何か新しい知識を身につける必要があると主張する本ではありません。

学ぶ必要があるのは、今までの既存概念を捨て去って、新しいチャンスをつかみ取るという意識変革です。

この点は、あらゆる世代の学びにとって大事な視点だと思います。

もちろん、ここでチャンスと書いているのは、必ずしもおカネもうけのチャンスというだけではありません。もう今さら仕事をする必要はないと考えている読者の方もいるかもしれませんし、おカネもうけのために活動したくないと考えている人もいるかもしれません。そういう人にとっても、より自分らしい生き方、より充実した生活を送るうえでは、やっぱり今までの発想に縛られないことは大事だと思うのです。

ましてや、これからまだまだ社会で活躍したい、もっとやれることを増やしたいと思っている読者の方であれば、なおさらです。大上段に構えない「大人の学び」を通して、どの世代の方々にも、目の前に広がるチャンスを活かしていただきたいのです。

技術革新は若者だけのものではない

ここまで読んできてくださった方はおわかりのように、技術革新を活かすことができるのは、若者だけではありません。

プログラミングやＡＩの重要性が、マスコミ等で語られることが多いために、どうしてもそういう新しい最先端の知識を学ぶことができる若者だけが、変化をプラスに受け入れられると思いがちです。もしかすると、そういう最先端の知識を独学で学ぶ方法を身につけたいと思って、本書を手に取られた方もいるかもしれません。

もちろん、そういう能力を身につけることも、とても重要な学びです。関心を持ってそういう方面の知識を吸収することに大きな意義はあります。

でも、技術革新が重要なのは、そういう技術に関係した知識を身につけた人だけではないのです。たとえば、音楽が簡単に配信できるようになった事例で示したように、面倒なことであったり、大資本や大勢の人を使わないとできなかったことが簡単にできるようになるのが技術革新のインパクトなのです。

ですから、使う側に回ることによって、技術革新は若者だけではなく、どんな年齢の人にとってもプラスになるのです。たとえばスマホを使いこなせるだけでも、ビジネスの大きな武器になってくれます。多くの人を雇わなくても、起業をすることや社会のために活動をすることも、できるようになっています。

シニア層にも大きなチャンスが

その点で言えば、これからはシニア層にとっても、今までにない大きなチャンスが生まれてくる時代だと思います。

あとで述べるように、シニア層が今までの社会人生活の中で蓄積してきた多くの経験や知見は、大きな武器です。それはこれからの社会で活躍するうえで、大いに役立ってくれるはずです。

ただし、今までの経験や知識そのままでは、活かせない局面が多くあることも事実でしょう。定年がくれば、同じ会社で働くことはできなくなり、経験を活かす場所がないと思いがちです。

ですから、今までの経験をしっかりとした武器に変えるための学びが必要になるのです。リスキリングという言葉は、学び直しの用語としてすっかり定着してきました。しかし、それは、まったく新しいスキルを身につけることを意味するわけではありません。

今までの経験をしっかり、頭の中で整理して、新しい環境や新しい職場でも使える有効なものにすること、これも立派なリスキリングです。そのための学びに、シニアの方々にもぜひ取り組んでいただきたいと思います。

そうすれば、シニアの方々にも、いえシニアの方々にこそ大きなチャンスが訪れることでしょう。マスコミでも騒がれているように、コロナ禍以降、日本ではかなりの人手不足が生じています。有意義に活躍してくれる人材を社会が求めているのだとすれば、それに応えてくれるシニア人材はこれからますます必要とされるはずです。

寿命が延びていることを精一杯活用しよう

人生１００年時代と呼ばれるように、我々の寿命は延び、元気で活躍できる期間は確実に長くなっています。55歳あるいは60歳で定年を迎えたあとは、悠々自適の余生を過ごすというかつてのライフスタイルは、抜本的に見直す必要が出てきました。

その際には、長寿化を後ろ向きにとらえるのではなく、元気で活躍し続けられる期間が長くなったことを、よりポジティブにとらえ、満足感の高い生活を、今まで以上に長く続けられることを喜ぶ姿勢が必要でしょう。

とはいえ、働く場所がなければ、充実した生活なんて送れないし、ある程度の給料が得られなければ、生きていくのも難しくなる時代であることも事実でしょう。そうであれば、より活躍の機会が得られるように、早い段階から、しっかりとした学び直しやリスキリングを自分自身のために行って、より充実したものにしていくことが必要になります。

でも、大上段に構えて新しい高度な知識を身につけることだけが必要なわけではありません。もっとゆったりとした気持ちで、発想を切り替えていくことも大人の学びにとっては大切です。

新しい料理の仕方を見つけよう

今までどおりで、明るい未来が急に開かれるのではないとすれば、必要なのはやはり発想を切り替えるということなのだと思います。自分が経験してきたことや得てきた知見は貴重な財産です。でも、それを新しい環境に適応させていくには、やはり新しい発想や、「料理の仕方」が求められるのだと思います。リスキリングで大事なことは、その自分の経験の「新しい料理の仕方」を見いだすことです。

それは、簡単なマニュアルのように、こういう手順でこういうインプットをしていけばできるという単純なものではないでしょう。どこかにそれがキレイに説明されているというわけでもないと思います。

自分の中で工夫をして、さまざまな知見や学問等に触れていくうちに、自分で見いだしていくものです。それをできるだけ楽しんで行えれば理想的です。ちょうど自分の部屋や机を自分なりの使いやすいものにアレンジするように、自分の経験を新しい環境にどう活用していくかを工夫してもらえればと思います。

この点は、経験を積んだシニア層のみならず、若い世代にとっても、大事な視点です。新しい世界でチャンスをものにしようとすればするほど、今までの経験をどう新しい世界で活かしていくかという視点が大事になってきます。

どうしても「学び」というと新しいインプットという点が先に立ちますし、それは当然必要なことです。でも、自分の中にある経験や土台を活かすためのインプットという視点も持っていてほしいものです。

学びの伸びしろは、年齢があがるほど高まる

学びは子どものときにこそ、成果があがるもの。大人になったら、なかなか学びが成果に結びつかない――そう考えている人がまだまだ少なくないように思います。しかし、経験を力に変えるために「学ぶ」と考えると、むしろ年齢が高くなってきたほうが、学びの伸びし

ろは大きいと言えるでしょう。

　また、経験を積むほど、新しく見えてきたことも多々あるはずです。たとえばビジネス上のトラブルやその際の法律の解釈などは、経験してみるとよくわかりますが、学生のときにテキストで習っても、ほとんど机上の空論にしか思えなかったでしょう。

　つまり経験は大きな武器であり、それでしか獲得できない知見も多いのです。その土台を、学び直しによってしっかり耕すことができれば、それは大きな力になることは間違いありません。ですから、経験を積むほど見えてくるもの、学びの成果をあげられるものは実は大きいのです。

未来に目を向ける

　激動の時代です。大変な時代に見えるかもしれませんが、むしろ多様なチャンスが現れる時代です。戦国時代や幕末も、そうでした。大変な時代ではありましたが、そういう時代だったからこそ、下剋上があり、今まで想像できなかった新たな可能性があちこちで生じたのです。

　今は、なんとなく過去からの延長線上で未来を想定して、「もう先がない」「もう先が見えてしまった」と思いがちです。しかし、これからは過去の延長線上に未来はなく、大きな可能性が広がっているはずです。「先が見えた」と思わずに、未来のチャンスを切り拓くためにも、自分らしい学びを深めていきましょう。

2章 これからの人事と経営はこう変わります

なぜ今、企業にリスキリング対応が求められるのか

この章では、少し社会全体の動きや企業の動きを俯瞰《ふかん》しておきましょう。

伝統的に日本の社会が実現させようとしてきたのは、終身雇用と言われるような（終身とまでは言わないにしても）かなり長期にわたる雇用を制度として企業に要求することによって、従業員は一生の生活の安定と充実した活躍場所が得られ、企業側は安定した労働力の確保が可能になる、そんな社会構造だったと言えるかもしれません。この仕組みは、一見すると、とても魅力的なものにみえます。現に、高く評価された時期もありました。

けれども、この「終身雇用」の仕組みが成り立つためには、企業がその間しっかりと存続し、その人のスキルに見合った、活躍できるポストや仕事を提供できることが大前提です。確かに高度成長期であれば、企業はどんどん大きくなりましたし、ポストも増えていったので、その前提が成り立つという期待も現実的だったかもしれません。

しかし、環境変化が激しい現代では、会社がそんなに長期間存続するとは限らないという状況になりました。また存続したとしても、環境変化に応じて事業領域も変化させていく中で、各人のスキルに見合ったポストを提供し、それを企業収益に貢献させていくのが、なかなか難しくなる事態が生じました。

さらに言えば、寿命が延びる中で、「終身」にわたって雇用機会を提供し続けることは現実的でなくなり、多くの人に、定年後のセカンドキャリアを考える必要性が生じています。

もちろん、長期雇用自体には多くのメリットがあり、長期的取引関係によって、相互理解が進むし、協調関係も実現しやすくなるという面があります。また、その会社での活動に役立つ能力向上や、お互い黙っていてもわかりあえるという、いわゆる暗黙知の共有が進むといったプラス面も指摘されています。

その一方でデメリットの存在も指摘されてきました。その大きなものはミスマッチが解消されにくいという点です。環境変化に応じて企業の活動領域が変化していくならば、従業員が持っているスキルと、社内で必要とされる仕事内容とにミスマッチが生じる可能性はどうしても高くなりがちです。それをうまく解消できないと、有意義な働き方ができず、双方にとってデメリットが生じてしまいます。

それを考えると、人生１００年時代の今、もはや終身雇用を守るか守らないかという選択を考えるというよりは、実態としての持続可能性はないという前提で、社会のあり方を考えていくことが必要になってきています。

この点は、技術革新によって世の中の変化のスピードが圧倒的に速くなった今、多くの人が実感するものとなってきています。そして今、本質的に問われているのは、それに代わる新しい仕組みであり、安定的な所得と活躍場所の確保は、何によって実現させたらよいのかという課題です。

企業自体の存続すら危うくなるような環境変化が生じている現代では、それは、結局のところ、スキルアップに求めるところが大きいのではないでしょうか。一人ひとりの能力を高めて、より付加価値を高める労働ができる人材になっていくことが、所得と活躍場所の安定的な確保につながるのだと思います。

つまり、本書で強調しているリスキリングや学び直しの重要性は、このような社会全体の大きな流れからも、説明できるのです。

適材適所は会社の外にあるかもしれない

狭義のリスキリングとは、ＤＸ（デジタル・トランスフォーメーション）等会社の戦略に合わせて、社内で必要とされる新たなスキルを身につけることです。前述のミスマッチの解消を従業員側の能力開発によって達成させるイメージです。

けれども、従業員の立場に立って能力開発を考えた場合には、それが今の企業の戦略に合わせたものである必要は必ずしもありません。本書で考えているのも、単に会社のための学び直しではなく、社外も含めて、より活躍できるための能力開発・スキルアップを考えています。

社会全体という俯瞰的な目線から考えてみても、適材適所の働き場所がしっかり見つけられることは、会社にとっても、働く側にとっても重要なことです。

かつては、適材適所は社内で実現できるものであり、それは人事部門が見つけるものだったのかもしれません。しかし、環境が変わるとすれば、会社のめざすべき方向性も変わってしまうかもしれませんし、自分が能力を活かせる環境も変わるかもしれません。適材適所は変化するのです。そうであれば、場合によっては社外にある適材適所の働き場所を、どんな年代の人もそれぞれの時点でしっかり見つけられる環境作りが必要でしょう。また、活躍できるための能力開発も行われる必要があるでしょう。

本書の問題意識は、この点にあります。ただし、能力開発だけで所得の安定性が確保できるわけでは当然ありません。体調を崩して働けなくなる場合もあるでしょうし、どれだけ環境整備をしても、次の仕事がすぐには見つからない場合もあるでしょう。

そう考えると、失業保険的な仕組みの充実は当然必要となるでしょう。ただし、単に金銭的な補助をするのではなく、次の仕事につながるような能力開発支援をする、俗にいうトランポリン型のセーフティネットがより一層重要になると考えられます。

企業でリスキリングが進まない理由

次に個々の企業の現場に目を移してみましょう。それぞれの企業もまた、従業員のリスキリングを、厳しい環境を生き抜くために取り組んでいかなければならない重要課題ととらえているのではないかと思います。しかし、現時点では皆さんの職場は、リスキリングのための教育を十分に提供できる体制が整っておらず、今すぐ課題解決に取り組むことはできない、というのがおおかたのところではないでしょうか。

これまで企業においてリスキリングが進んでこなかった要因はいくつかあります。そもそもリスキリングをするとしたら、外側から何らかの知識を持ってこなければなりません。つまり、社内にないものを提供しなければならず、それはやはり難しいということです。また、リスキリングのための教育を提供することが本当に自社にとってプラスになるのかという疑念がある以上、積極的に取り組むことはできないという企業もあるでしょう。幅広い産業で活躍できるような知識やスキルを身につけるなど、能力アップしてもらうことは、転職を促してしまう結果につながるのではないかと考えているわけです。

もうひとつ、リスキリングをする皆さん方の意識にも、ばらつきがあるのではないでしょうか。あらためて学びを得ることが大事だと思っている方たち（おそらく本書を手に取ってみる皆さん方はそうでしょう）がいる一方で、「会社が将来にわたって面倒をみてくれるだろうから、個人が特別なことをする必要はない」という姿勢で、積極的にリスキリングをしない方たちもいます。その場合、無理に教育を提供しても能力アップにはなりません。

リモートワークがオンライン教育を活性化

このようにさまざまな要因から、企業ではリスキリングへの関心はあっても、実践に至らない状況が長くありました。しかし、コロナ禍をきっかけに、リスキリングの意義が再確認され、そのことが後押しとなって今後は多くの企業がこの課題に真剣に向き合うようになるのではないかと私はみています。

たとえば、観光業、飲食業、エンターテインメント業など、大きなダメージを受けた一部の産業で働いている皆さんは将来に大きな不安を抱いています。直接的なダメージを受けていない産業で働いている人も、「次は何か別のかたちでこういうことが起きるかもしれない」「人生には予想だにしないことが起きるものだ」といったことを実感したと思います。その影響で、「将来に備えよう」という意識が多くの皆さんの中で起こり、「リスキリングに取り組んでみよう」とあらためて考えるきっかけになっています。こうした皆さんの考えの変化を機敏にとらえ、支援に取り組んでいこうとする企業は、これから多数現れるのではないかと思います。

リモートワークが浸透したことも、人びとの考え方に変化をもたらしました。オンラインサービスやデジタル情報を活用して仕事をすることが身近になり、ＩＴを知識の習得に活用できるという実感を多くの人が抱くようになりました。

また、リモートワークによって自由に使える時間が増え、余裕時間にネットを活用して学び直そうと考える皆さんも増えています。これまで、新たなことを勉強するというと、まとまった時間をとってどこかの学校に行ったりするなど、集中できる環境がなければ学び直しなどはできないとなんとなく考え、あきらめていた人が多かったのではないでしょうか。「休職してまで学び直しをすることはできない」という感覚だったのだと思います。ところがオンラインでしっかり学べるということになると、まとまった時間がなくても、家で数時間、場合によっては30分でも勉強すればそこでインプットできますから、マイペースでリスキリングができることになります。

オンライン教育を実施するための技術自体は、かなり前からあったとはいえ、身近なものではなかったため、役立つという実感がありませんでした。しかし、コロナ禍をきっかけにして、今はオンライン教育の有効性が実感を持って受け入れられるようになり、そのことが個人だけでなく、企業におけるリスキリングの取り組みも後押ししています。

会社に一生を捧げる生き方でよいですか？

では、これからリスキリングに取り組んでいこうという皆さんは、どのように学んでいけばいいでしょうか。具体的な独学ノウハウについては第三部でポイントをお伝えしますので、ここではまず客観的状況を把握しておきたいと思います。高まるリスキリングの気運に対して企業がどのように取り組むべきか、経営者や人事部の目線で把握してみるのです。相手の側に立って物事を見てみることは、皆さんにとって有益だと考えるからです。以下、そうした視点で読み進めてみてください。

日本企業の特徴として、社外ではあまり通用しない、その企業特有のスキルを従業員に蓄積させることで生産性を上げてきた点が挙げられます。高度成長期であればパイ全体も大きくなっていたのでそれでもよかったのですが、会社の成長自体が限界に来ている現況では、全ての従業員に会社の中で居場所を与えることが難しくなってきています。むしろ、リスキリングを促して会社を移っても通用するスキルを身につけさせて転職できる人材に育てていくことが、その会社にとっても経済全体にとってもプラスになります。

従業員として働く側にとっても、会社に一生を捧げる生き方がよいわけではないでしょう。

そのような従業員に対して、経営者や人事部はどのようにして取り組みを提供し始めればいいのでしょうか。「リスキリングをどうとらえるか」をはじめ、「どんな学びを提供するか」「どのようにして学んでもらうか」など、リスキリングの基本部分について考えていきたいと思います。

リスキリングとは、「将来にわたって能力をできるだけ発揮できるように、能力を高めていくこと」であると私は考えています。ただし、それは、それまで携わってきた仕事と異なる分野の知識やスキルを取り入れて、それまでとはまったく異なる職業者をめざすということだけを指して述べているわけではありません。

たとえば今、事業のＤＸ化を推進させるＩＴ人材の不足と育成の必要性が叫ばれていますが、それだけがリスキリングではありません。異分野の知識やスキルを学ぶことも重要ですが、その前に「それぞれの人が仕事を通じて培ってきた知識や情報を整理し直して、新しい環境で通用するものにまとめ直すこと」がリスキリングに取り組んでいくうえで、きわめて重要なポイントです。

10～20年培ってきた知識やスキルは非常に大きな武器であり、個々人にとってだけでなく、企業にとっても大きな資産であるはずです。市場環境の変化に対応するために、従業員の皆さんに新しい知識やスキルを身につけてほしいと考えている企業もあると思います。しかしながら、たとえばイノベーションを求めるとしても、まったく新しい何かをしなければならないかといえば、必ずしもそうではないはずです。そこで求められる新しい何かとは、つまり「その会社の中で今までやってこなかったこと」です。培ってきた知識やスキルあるいは文化といったものを下敷きにして、これまでにはない新機軸の活動を生み出すことができれば、競争力を十分に高めることができるのではないでしょうか。

また、その際に重要な意味を持つのが「知識やスキルを整理し直して、まとめ直すこと」です。

学問というものは、雑多な情報や経験を「まとめて言えば、こういうこと」というように、整理し直し一般化していくものだと言えます。学びを通じてそうした一般化ができるようになることで、それまで培ってきた知識やスキルを異なる環境でも活かせるようになります。

この点がとても重要だと私は考えています。

たとえば営業に携わっていると、「あの会社のあの人に対して、こう説明をしたところ成果につながった」「あの会社の場合、こうした説得が功を奏した」というように経験に基づく情報が蓄積されていくものです。こうした情報は、そのままでは単なる経験談でしかありませんが、経験した当人が営業に関係するスキルをあらためて学んだり、心理学を勉強したりすると「自分はこのようにして相手を説得したのか」というとらえ方ができるのです。さらには、それを明文化して他のメンバーに伝えることもできるようになります。すると、ある会社で成功した営業パターンを別の会社にも使えるようになります。雑多な情報を整理してまとめておくから、応用できるということです。

他社で働き、新たな知識やスキルを学ぶ

この点を少し会社目線で見てみましょう。異分野のビジネスのノウハウを身につけることも、学び直しの大きな目的です。

出向制度はこれまでもあったと思いますが、それをもっと人事戦略の観点から積極的に活用して、異なる産業の企業で働いて新しい経験を積んでもらい、元の会社に戻ってきてその経験を活かしてもらう、というところまで実践できれば理想的です。兼業や副業というスタイルで、異なる産業の企業の仕事を体験してもらうのもいいでしょう。

多くの企業が、新しい知恵やイノベーションを生み出してくれる人材を求めていますが、いつも同じ職場で働き、同じ風景を見ている人からは、新しい知恵もイノベーションもなか

なか出てこないものです。経営者や人事の目線に立ったとき、従業員に対し、異分野のノウハウを習得してほしいという要望もあるでしょう。そうであるなら、それぞれの産業あるいは企業の流儀、やり方といったものがありますから、実際にいわば〝お試し〟で他社で働いてみて、体験的に知識やスキルを獲得するというトレーニング方法をとるべきである、ということです。

まとめると、既知の知識や情報を一般化するということと、個別性の高い未知の情報を別の組織に入り、ＯＪＴ（職場内訓練）で身につけるということがリスキリングの両輪になるということです。

課題は学習時間の確保です。終業後や休日などスキマ時間に学んでもらうという考え方もありますが、その頻度が高まると本業を圧迫しかねません。また、スキマ時間だけでは学べないことも多くあります。そこで、時短勤務を導入する、あるいは週３、４日勤務として、１、２日を学習のため、兼業や副業の時間にしてもらうといった方法があります。午前中だけ仕事して、午後は学習や兼業、副業をしてもらうということも可能でしょう。そうした勤務体制の柔軟化がもっと必要ではないかと思います。

このように柔軟な勤務ができれば、従業員が正社員として働きながら、それぞれの事情に合った学び方ができるかもしれません。

キャリアパスの多様化はなぜ大切か

会社側からみれば、こうした取り組みを実践するためには思い切った判断が必要ですが、人事戦略や人事の体制を変えることは容易ではありませんから、少しずつ幅を広げていくのがいいのではないかと思います。長期プランを立てて実践していくということです。一気に大きな制度変更をすると、従業員が混乱してしまいます。長期的な計画として進める中で「少しずつこういう方向に持っていこうと思っている」という方向性を示すことが肝要です。また経営者や人事部は、計画を進めながら、社員がどのような学びを望んでいるかを見極める必要もあります。

場合によっては、「企業がリスキリングを主導すべきか否か」という根本論が議論になります。何をどのように学ぶかということは、どういうキャリアパスを本人が希望しているかということと対の関係です。その意味では、リスキリングは従業員一人ひとりが主体的に考えて実践すべきことであると言えます。とはいえ、会社の中で働いている以上、社内のキャリアパスを本人だけで決めさせるわけにはいかない、というのが会社の立場というものです。

会社として、何をどう学ばせたいか、どういうキャリアを積ませたいかという希望があるはずなので、それを本人に伝えたうえで、どう学ぶかは従業員がそれぞれ考えるというかたちをとるべきではないかと思います。

個人の働き方やキャリアパスの多様化を図っていくことは、その会社で働く従業員にとっての安心感や充実感につながっていきます。企業が意図するかたちでない転職が起きることがあるかもしれませんが、それを抑止するよりも、多様なキャリアパスを企業側が積極的に用意していくことによって、誰もが充実して働けるようになることの重要性のほうが大きいと考えられます。

オフロードを行く

以上のとおり第一部（1〜2章）では、どちらかといえば「20〜40歳」と「40〜60歳」のキャリアをいかに橋渡しするかということを中心にお伝えしてきましたが、そもそも「独学」や「リスキリング」というのは、どんな年代であれ有益なものです。

そんな学びの本質を皆さんにご理解いただくべく、続く第二部（3〜5章）では私の10代、20代の体験談をお伝えしたいと思います。あらかじめ、かいつまんでお伝えしておくと、私は父の仕事の関係で、小学校はシンガポール、高校時代はブラジルで過ごしました。予備校に通ったことも模試を受けたこともなく、自分の偏差値がいくつだったのかさえ知りません。大検（大学入学資格検定試験。２００５年には、「高認（高等学校卒業程度認定試験）」と名称が変更になり、同時に科目や科目数も変更された）の受験から大学卒業までほとんど一人で独学したのです。さらに、研究者への道を歩み始めたきっかけは「モグリ」の受講生として東大に通っていたことでした。

こんな私が学生たちと毎日接していて感じるのは、とても窮屈そうに生きているということです。すごく細い一本の道しかなくて、みんなが通るその道からちょっとでも外れないように、また遅れないように走り続けるというレースをしているみたいです。

私は、外れまくったオフロードを歩いてきたような人間ですが、どこにでもそれなりの道があって、それなりに生きていく手段があることを知っています。おそらく世界を見渡せば、「ここだけが道だ」と思っている人のほうが少数派のはずです。自分と同じような経験を推奨する気はまったくありませんが、「この狭い道だけが、歩ける道じゃないんだよ」「ここから転げ落ちたって全然大丈夫だよ」ということを、多くの人に知ってほしい思いが強くあります。生きるうえでかなり楽になるだろう、と思うからです。

これからの時代、道は一本だけではありません。

私は「独学」を通してキャリアを切り拓いてきました。皆さんにもそれが可能なのだということを、以下で実感していただきたいですし、もし読者の皆さんにお子さんやお孫さんがいらっしゃるのであれば、子（孫）育てや教育の参考にしてもらえたらうれしいです。

ノウハウやメソッドを知りたい方からすると、なんて回り道な……とお感じになるやもしれませんが、学びは楽しみながらが一番です。ゆるっといきましょう！

第二部

独学で人生を切り拓く

3章 オフロードだって道のひとつ

高校へは行かない生活

「実は私、高校、行ってないんです」

経歴を聞かれてそんなふうに答えると、多くの人がとてもびっくりした顔をします。「実は、大学も通信教育なんです」と言うと、ますます不思議そうな顔になります。私が現在大学の教師をやっていることを知っている人は、なおさらです（そう、実は、高校に行かなくても大学で教えられるんです）。

経歴を詳しく話すと、かなりの人が「へー、そんなルートもあるんだね」という感想を言ってくれます。日本の普通の高校生や大学生とはずいぶん違った道を歩んできたからです。私は、高校へはまったく行かず海外で生活していましたし、大学も通信教育で、その時も海外で生活していました。ふり返ってみると、ずいぶん「普通」とは違いますね。

けれども、そんな生活をしたことで、他の人が経験できないことをいっぱい経験できましたし、普通では見えないものがたくさん見えてきたように思います。そういう選択をしたことで、世の中に対していろいろな見方ができるようにもなりました。今から思い返すと、すばらしい体験ができたのではないかと思うのです。また、その後の私の生き方だとか、今は学者をやっているわけですけれど、その学者の道を選ぶきっかけにもずいぶん影響を与えたと思います。

普通だと高校へ行っていなければいけない時期に、私はブラジルのサンパウロで生活をしていました。何をしていたかと言うと……、遊んでいたんですね。ブラジルで海外援助活動だとか、何か仕事をしていたわけではないんです。あまりカッコいい話ではなくて、単に親の勤務の都合でついて行って、いろいろな経験をさせてもらったということです。

経歴をもう少し詳しくお話しすると、小学校4年生までは、普通に日本で学校生活を送りました。その後、父親の海外勤務の都合でシンガポールに行きました。そして、シンガポールで日本人学校の小学校を卒業、中学校に入学して中学校1年生の途中で日本に帰国、日本の中学校を卒業しました。その後、先ほど書いたようにブラジルに行き、大検を受けて、慶應義塾大学の通信教育課程を卒業して、東京大学の大学院に進むことになります。

このようにだいぶ普通とは違う道を歩んできました。かなり変わった経歴だと自分でも思います。でも、普通って何でしょう？　実は、世の中には、私たちが普通だと思っている道を歩んでいない人は、とてもたくさんいて、それぞれに充実した日々を過ごしています。日本の多くの人が漠然と思っている普通は、決して日本でも海外でも普通ではないんです。

私の歩んできた道が良い道だったかどうかは、よくわかりません。人に薦められるような生き方でもないように思います。でも、こんな生き方もあるんだ、と多くの人に気づいてもらえることはとてもうれしいことだと思うので、少し経歴や経験をお話ししていきたいと思います。

ブラジルでの独学のスタート

そのようなわけで、「普通の」日本人なら高校に行っている年齢の頃に、私はブラジルで独学をすることになりました。もちろん、どういう勉強をどんなふうにやればよいのかは、問題ではありました。

今ふり返ってみると、その点はいろいろ考えはしたんだと思います。当初は、ブラジルの学校に行くというのも考えたのですが、なんといっても主言語であるポルトガル語ができないと話にならない。

ポルトガル語を勉強するのに一番良い方法は、まず小学校から入ることだ、小学校から、順番に1年生、2年生と早いスピードであがっていって、それで高校に追いつくのが一番の方策だとアドバイスされました。ブラジルで一生生きていくのならば、きっとそうしなければいけなかったんだと思います。けれども、そんなことを考えていたわけではなかったので、とてもそこまでやれないなと思い、独学でやるかということになりました。

3年か4年かいずれにしてもそう簡単には帰れませんから、高校の勉強ができるように日本からいろいろとテキストや参考書を買いこんで、それでブラジルに行きました。あとで詳しくお話ししますが、その頃から公認会計士になるのがいいかなと思っていましたので、そのための勉強もある程度できるように本を買っていきました。

独学というか、自分で参考書を読んで、参考書で勉強するということは、実はその時がはじめてではなく、それ以前にシンガポールにいたときに、海外ということである程度そんな勉強もしていましたので、あまり心配はしませんでした。

さほど違和感なく、やれるかなと楽観的に考えていた、そんな感じです。今から考えるとあまり根拠のない楽観ではあったのですけれど。その代わり、参考書を持って行ったけれどわからないでは困るので、何種類か持って行った記憶があります。高校の教科書はなかなか手に入らないので、教科書代わりを含めて、数学だったら参考書を数種類、問題集も数種類というように買い込んでいきました。

独学時代の一日の過ごし方

おそらく学校に行かなかったことのデメリットのひとつは、同世代の人とあまりコミュニケーションをとる機会がなかった点だろうと思います。でも逆に、あまり同世代ということにこだわらずに、いろんな人と話をしたり、遊んだりする機会を多く持てたようにも思います。

たとえば、サッカーでは、夕方早くに学校から帰ってきたブラジル人の小学生に相手をしてもらいました。小学生と侮《あなど》ってはいけません。レベルからすると、私なんかより小学生のほうがはるかに上手かったですから。多少はサッカーをやっていたのですが、まったく歯が立たなかったですね。小学生に、やっと相手をしてもらうという感じです。悲しいけれど、足さばきがまったく違うんですね。サンバのステップなんですよ。実はサッカーの足さばきと、サンバの足さばきは似てるんだとそのとき気づきました。なので、サンバの踊りができると、ドリブルが華麗になる気がします。

サンバのステップというのも非常に難しくて、ちょっとまねなどしようものなら、まわりのブラジル人に大笑いされました。あれは、なかなか日本人には難しい。でも、最近は浅草サンバカーニバルなどで、とても上手に踊っている日本人の方々を見かけますから、下手なのは、私だけかもしれませんが……。

テニスなどは、逆にとても年上の人とプレーする機会が多かったですね。こちらも、残念ながらあまり歯が立たなかったという点では同じですけれど。すでに社会人になっているような人たちからは、コート上でのマナーや社会人としての人との接し方などを自然と学ぶことができたように思います。

ブラジルで見た貧富の差

ブラジルに住んだことで、日本にいたのでは想像できないような世界がブラジルにはあるんだ、いや、きっとブラジルだけではなくて、世界中には日本で普通の高校生をやっていたのでは想像もできない、いろんなことが起こっているんだということがよくわかりました。それは非常に大きな収穫でした。

一番印象に残っているのは、ブラジルの貧富の格差がものすごく大きかったことです。日本では想像できないような豊かな生活をしている人もいっぱいいるのですが、一方では、想像できないくらいきわめて貧しい生活をしている人もいる。そのことは、本や映画で、ある程度知識として持ってはいました。でも、実際に自分がその場に行って、そういう人たちを目の前にしたときに感じたことや考えたことは、知識として持っているのとはずいぶんレベルが違いました。単純に知識として得ていただけでは、気持ちが動かなかったものも、具体的に目にしたり接したりすることで、自分の心の中に入ってくるものがすごくたくさんあったと思います。やはり、実際に体験することは、とても重要なのだと実感しました。

そのひとつに、忘れられない風景があります。リオデジャネイロはその当時も今も、ブラジルの一番の観光地です。コパカバーナ海岸など、世界的に有名な、とてもきれいなビーチが広がっています。そして、そのビーチを見下ろすような高台があります。この高台は、目の前に雄大なビーチが広がっていますから、リゾート地として見たときには一等地のはずです。

けれども、この普通だと一等地に思えるようなところには、実は非常に貧しい人たちが集団で住んでいます。いわゆるファベーラと呼ばれる貧民街です。ビーチから見上げると、かれらが住んでいるボロボロの廃墟《はいきょ》が山の中腹にザーッと広がっています。そこはなかなか普通の人には入りこめない場所です。もちろん観光客なんかはとても行っちゃいけない、まあ、行く気にもならないようなスラム街です。映画の舞台になったこともあるのですが、そのスラム街が、日本人の感覚からすると一番の一等地に広がって、ビーチを見下ろしている、それがリオデジャネイロです。

なぜスラム街がそこに広がっているのかはよくわかりません。当初は山の中腹は不便な場所だったからかもしれません。けっこう急なところなので、なかなかそこまで、上がって行って、下りてくるというのは不便なので、そこにだんだん貧民街ができたのかもしれません。

そして、週末だとか、バケーションのシーズンになると、そこに住んでいる人たちが山から下りてきます。小さい子どもたちも下りて来て、世界中から観光客が集まるようなビーチで物乞《ものご》いをしたり、花だとかキャンディーだとか、実質的にはあまり役に立たないものを売ってお金をもらうというようなことをします。かれらは日本では考えられないようなボロボロの格好をしていて、靴もまともな靴ではないし、着ているものも当然暑いから上半身裸なんですけれども、ズボンもボロボロです。そういう人たちがいっぱいビーチに下りてくるんです。

一方、そのビーチにはたくさんの人が、優雅に寝そべっています。これもリオデジャネイロの不思議なところなんですが、平日でもビーチにはけっこう人があふれているんですね。観光客だったら平日にいてもおかしくはないんですけれども、観光客には見えないような人も大勢いる。たぶんお金持ちで何ヵ月も遊んでいてもいいような身分の人がいっぱいいるんだと思います。そういう人たちが優雅にビーチで寝転んでいる。一方、そのまわりに貧しい格好をしている人たちがやって来て、それで本当に物乞いに近いようなことをして、いくらかの小銭を得て帰って行く。それがブラジルの現実であり、リオデジャネイロの現実でした。

ビーチはとてもきれいで、広大な砂浜が広がっていて、夕日がそのビーチに沈んでいくとても美しい光景、その前景に、年端《としは》もいかないような子どもたちが一生懸命小銭を稼いでいる。私の中でそのコントラストをなす画《え》が、とても強く印象に残っています。

それはそれだけのことで、私がそこで何かをしてあげたとか、あるいはそういう人たちに何かを語りかけたとか、そういうことでは残念ながらないんです。ないんですけれども、やっぱりその瞬間に自分が感じたとてももやもやした気持ちだとか、そのビーチの雄大な夕日の雰囲気だとか、そういうものが渾然一体《こんぜんいったい》となって非常に印象に残っています。今から考えると、――いろんな後付けができるんですけれども――そういうワンショットの画のような感じで、非常に心に残っていることが、その後の生き方に少なからず影響を与えているように思うんです。

くり返しですけれど、そのような心に刻み付けられる思い出ができたというのは、得がたい経験なんだと思います。今、いろんなことをわかったうえで、ふり返って考えてみると、やはりその理不尽なまでの貧富の格差の光景が、自分の心にすごくインパクトを与えたんだと思うのです。ただ正直に申し上げれば、そのときはそこまで深く思い至っていたわけではありませんでした。

日系ブラジル人

もうひとつ、ブラジルで経験したことで、後々まで非常に印象に残っていることがあります。それは多くの日系人の方に会えたことです。ブラジルには非常に多くの日系人の方々がいます。その人たちと折にふれて会話をしたり、日系人の歴史の本を読んだりしたことで、感じた部分が非常に大きかったと思います。

多くの方がご承知だと思いますが、ブラジルには昔から日本人が移民として暮らし、そこでいろいろと開拓をしてきたわけです。当初入られた方というのは、やはり相当な苦労をされていて、生きていくのさえ大変な状況の中で、農場をやったりだとか、さまざまな苦労をして、生計をたてて少しずつ豊かになっていった。私が行った当時というのは、そういう日系人たちがかなり成功して、活躍している頃だったんですね。そういう意味では、ブラジル人の中では、日系人というのは、非常に尊敬をされている存在だったわけです。そこに至るまでに1世や2世の方々が、かなり苦労していて、その中で地位を築き上げていった。

それに比べると、同じようにブラジルに行ってはいるのですけれど、私たちは駐在員と言われており、日本の企業から派遣されて、当然日本から給料が出ている。そのため、ある程度、豊かな生活ができる。父親はそういう状況で働いていたわけで、私なんかは、さらにそれにぶらさがって、なにもせずに生活をさせてもらっていたわけです。

もともと同じ日本人なのにこれほど違う、そのコントラストというのが非常に印象深いです。子どものときにブラジルに渡ってきて、ブラジルで苦労をして生活しながら大きくなっていった人、あるいは苦労をして学校に行って、それなりに職業を継いでいる人と話をすると、何かとても後ろめたいといいますか、気後れするような感じがありました。今からふり返ると、こちら側は楽をしてこんな生活をして申し訳ない、という、そんな感覚だったんだろうと思います。日系人の方々の苦労と比べたときに、自分は何もやってないんじゃないのか、という想《おも》いが強くありました。

その一方で、その時の日本経済とブラジル経済の状況を比べると日本のほうがよかったですから、ある意味でなにも苦労していない私たちは非常にいい生活ができて、ブラジルでおそらく当時の普通の日本人と比べるとはるかに苦労をした2世、3世の人たちとは、生活レベルでいうとだいぶ差がありました。それは理不尽な差でした。

これは私がいた当時ではなく、もう少しあとですけども、ブラジルの日系人たちが日本に来て働いてお金を稼ぐということが起きました。かれらは日本人だけれども、日本の土地に馴染《なじ》めず、3世とか4世になってくればブラジルの言葉しかできない。そういう人たちが、今度は日本にやってきて、十分な働き場所がなかったり、生活にうまく馴染めない中で一生懸命お金を稼いで、またブラジルに帰る。ある意味で非常に皮肉な結果です。日本で働く場所がなく移民でブラジルにやってきた人たちが、孫の代や曽孫《ひまご》の代になると今度は逆にブラジルで働く場所がなくなって日本に働きに行くわけですから。

私が会ったのはそういう人たちの小さい頃だったり、あるいはその親の世代だったのだと思いますが、そのように経済と時代の波にいろんな人が翻弄《ほんろう》された事情を目にしたり、感じたりすることが非常に多かったわけです。このへんのことは、直接ではないのですが、自分が経済学とか、経済に関連する仕事をしたいなという想いに結果的に大きなインパクトを与えたと思います。

いろいろな生き方、多様な価値観

それから、世の中には、実はいろんな道があったり、いろんな生き方があったりするんだと、強く実感したのもブラジルでの生活でした。ブラジルだけではないと思いますが、いろんな国へ行くと、日本では考えられない生き方をしている人が実はいっぱいいます。ほとんど学校へ行かずに遊んでいる人たちもいっぱいいるわけです。もちろん、そういう人たちが全部だめかというと、そうではなくて、そういう中でたとえば、音楽をつきつめていって、有名なミュージシャンになったりとか、それからどこかの時点で勉強する気になって、すでに働きはじめていたり、普通だと就職していないといけないような時点から勉強しはじめる人もいる。

それから学校での勉強にしても、ブラジルの高校へ行ったあとはブラジルの大学へ行かなくてはいけない、という感覚をある程度の人は持っているかもしれませんが、皆がそんなふうに思っているわけでもないんです。たとえばアメリカの大学に行こうとか、あるいは、どこか南米の大学に行こうとか、いろんな選択肢があったりするわけです。

そういう状況を見ていると、そもそも日本人とはずいぶん違う価値観を持っている人たちがいっぱいいることを知りました。そういった多様な価値観の中では、実はいろいろな選択肢があって、大学の選び方にしても、職業の選び方にしても、それから、どういうふうに自分の技能を身につけていくかも、かなり多様なんだということがよくわかったのですね。

これはあとで詳しくお話ししますが、シンガポールでも生活をしていた経験があります。その時も同じようなことを思って、やっぱり世界中にはいろいろなことを考えている人たちがいっぱいいるんだ、いろいろな生き方をしている人がいっぱいいるんだ、と実感しました。

たとえば、なぜ日本では高校を卒業したらすぐに大学に行かなくてはならないんだろうと、ときどき考えたのですが、そんな疑問や感覚は、ただ日本にずっといたのでは、まったく持たなかったと思います。そういうふうに考えることすらしないと思うんです。そういう違う考え方がいっぱいあるんだということを実感できたというのが、一番大きかったのかなと思います。それぞれの国、ブラジルならブラジルの人たちの考え方があり、中国なら中国の人たちの感じ方があり、それらは日本人の感じ方、考え方とはかなり違う、ということを知りました。

シンガポールでの小学生時代

なぜ中学から普通の高校へは行かずに、親についてブラジルへ行こうと考えたかというと、今からふり返るとですが、その前にシンガポールに住んでいたということがやはり影響していた気がします。そこで、少し時間をさかのぼって、ブラジルに行く前の生活についてお話ししましょう。

小学4年から中学1年の夏休みまで、シンガポールに、これも父親の都合で住んでいました。シンガポールのときには、日本人学校に通いました。その3年間も含めると、小学校から中学の3年までは、いちおう普通に学校に通っていたんです。

日本人学校ではありましたけれど、私にとっても家族にとっても初めての海外での3年間でしたし、魅力的な国でもあったので、先ほどのブラジルに負けないくらいにインパクトのある生活ではありました。

ご承知のとおり、シンガポールは70パーセントくらいが、華僑《かきょう》という中国系の人たちですけれども、その他にインド人だとか、マレー人だとか、あるいはヨーロッパの人だとか、かなり多様な民族が住んでいて、その当時から多民族国家ということを言っていました。いろいろな価値観に触れたのは、ブラジルの時がはじめてではなくて、シンガポールのときにすでにかなりあったのですね。

今はほとんどなくなったのですが、あの当時はよろず屋的な小さな店がシンガポールのあちこちにありました。果物も売っていれば、ジュースも、パンも売っていて、金物《かなもの》も売っているというような、今でいうコンビニのようなお店でした。そして、そういう店はたいていインド系の人がやっていました。インド系の方というのは、やはり商売が上手なんです。それは子どもを相手にしても容赦はない。インド系のよろず屋さんのところに子どもが何か買いに行くと、けっこう大変なんです。だいたい値段は書いてなかったり、場合によるとお釣がちょっと少なかったり、というようなことがあって、子どもながらにインド系の店に買いに行くときには、ちょっと身構えたりして、ちゃんとやらなければいけない、と思ったりしました。

それはそれで、ささやかなことではあるのですが、異文化の中で生きていく知恵というか、なにかそういうものを身につけなければという第一歩でもあったわけですね。それなりに交渉術を身につけようと、お釣をちゃんと数えてとか、多少なりとも会話をしたりして。これがまたインド系の人は巻き舌なので、聞き取れない英語をがんばって聞き取ろうとしたりしました。それは一例ですけど、そんなふうに子どもながらにいろんな人に接して、どうやって生きていくかを学んできました。

もうひとつ、シンガポール時代で記憶に残っているエピソードがあります。あの当時は戦争を経験した人が、高齢になったとはいえ、まだ相当いました。ですから日本に対して、あるいは日本人に対して複雑な感情を持っていらっしゃる方が多かったんです。日本軍に苦しい目にあわされたり嫌な目にあわされたりした人も少なくありませんでした。その一方で、当時は高度成長期ですから、日本がどんどん成長していて、父親のような日本人の駐在員がいっぱい来て、シンガポール経済がそれで活性化している面もありました。そのため、日本の経済力も重要だというのは頭ではわかっているんだけれど……、という複雑な想いを日本人に抱いている人がたくさんいました。

あまり記憶が定かではないのですが、当時の田中角栄首相がアジアを訪問して、日の丸を焼かれたというのがたぶんその頃ですね。そういうものは子どもながらに、わりと感じる経験であって、バスに乗っているとまわりから日本語で「バカヤロー」と口々に言われたりしたことがあります。ただそこにはたぶん悪意はなくて、知っている単語がバカヤローだけだったのかもしれません。けれども、何人かから言われて怖くなってバスを途中で降りてしまったことがありました。

折に触れて、そのような日本に対する屈折した想いというのを子どもながらに感じることがありました。そのへんはある意味で特殊な状況ではありますけれども、異文化に接していくことの難しさだとか、海外で生きていくことの大変さみたいなものも感じました。

日本では浮いていた中学生時代

そういう中で子ども時代の3年間をシンガポールで過ごしていましたから、日本に帰ってからも、普通の中学生ではなかったんだと思います。だいぶ浮いていたみたいです。いわゆる「帰国子女」ですね。

日本人学校でしたから、教育上の遅れだとか、日本語の不自由さはなにもなかったんです。ある意味で日本の普通の学校以上の教育をしてもらいましたので、私としては普通の中学生で帰ってきたと思っていたんです。けれども、まわりから見ると、当時の公立の中学校としてはとっても浮いた存在だったようです。友達からあとになって聞いたところだと、中学2年だか、3年の先輩から、「ちょっと、あいつは生意気だ」と目をつけられていたらしいです。確かに、今思い出してみると、肘《ひじ》を突いて授業を受けたりしていましたからね。自分ではあまり気がつかないところで、やはり違っていたみたいです。でも、中2、中3と日本で過ごしたわけですが、とくに日本で嫌な経験をした記憶はなく、本人としてはあまり違和感は覚えませんでした。

ただ、結局中学3年生になって、進路を決めるときにも、その普通じゃない部分というのはかなり出てきたのだと思います。中学3年生というのは、シンガポールから帰国してさほど年数が経《た》っていた時期ではなかったので、また海外に行ける、またいろいろと面白いことが経験できるんじゃないかという気持ちがある程度影響していた気がします。

それから、日本の冬が寒かったというのも実は理由のひとつでした。常夏のシンガポールで3年間過ごして毛穴が開ききっていたようで、日本の冬が寒くてしょうがなかった。ブラジルに行けば、あまり寒い思いをしなくてすむのではと思ったのが、（かなり変な理由かもしれませんが）動機としてはありました。

いずれにしても、そんな経緯を経てすでに説明したように、ブラジルに行き独学で勉強をすることになったわけです。

独学のメリットとデメリット

独学だからといって、あまり辛かったという記憶はありません。一人で勉強するメリットは、自分で好きなようにペースを決められることです。よくわかっているところとか、すぐわかるところは、飛ばしてしまってペースを早くすればいいし、逆に自分がわからないところとか、つまずくところは、じっくり時間をかけてやればいい。そういうふうにペース配分を自分で選べるというのが、すごく良いところだと思います。

普通に学校に通っていたりすると、そういった理解度の濃淡とはぜんぜん無関係に、ペースがクラス全体の流れで決まってきます。ですから、わかっているところでも我慢して座っていないといけないし、わからないところは、じっくり考えたいのにあっという間にすんでしまう、ということが起きるわけです。

それに対して、自分でペースが選べるというのは、たぶん自分としてはとても楽だったし、やりやすかったのだと思うんです。

さらに言えば、その結果として、あまり人に聞かないでまず自分で考える、というくせがつくことになりました。

普通の日本の学校のように、決まったカリキュラムのペースに合わせて、どんどん次に進まなくてはいけない場合、そのペースに沿って早く理解していかなければなりません。ですから、自分でじっくり考えたり悩んだりする余裕はなくて、わからないところはさっさと誰かに聞いて理解していかないと困ってしまいます。けれども、そこでペースをゆっくりにしてもいいとなれば、逆に誰にも聞かずに、自分で考える時間的な余裕が出てくる。少しじっくり考えてみる、ということができるようになるわけです。

ただ、じっくり考えたからといって、わからない場合もあります。どこまで粘ったらいいか、どこであきらめるか、というそのあたりの自分なりのさじ加減みたいなところが、たぶん一番苦労したところです。

やはりどうしてもわからないことも出てくる。そうしたときに、そこでもう一日がんばるか、それともそこであきらめて誰かに聞くか、別のことをやるか、といくつかの選択をして、そのへんの勘どころを自分なりに身につけなければいけなかった。そこがちょっと独学の難しいところと言えば言えるかもしれません。

私がわりとよくやったのは、ある程度考えてわからないと、とりあえずそれは置いてお いて先に進むというパターンです。先に進むとわかってくることや、参考書の中にヒントや答えが出てくる場合もしばしばありました。あるいは、別のことをやると、あらためてまた思いついて解決できたというケースもありました。

そのため、多くの場合、参考書全部をベタっと理解するわけではなくて、少し穴が開いていてもいいから先に進んで、たとえば参考書一冊全部終わったあとで、わからないところにまた戻ってみる。そうするとわからなかったところが理解できたりということが、とくに数学などについてはよくありました。そのように、いろいろ試行錯誤しながらやっていたという感じです。

ブラジルでの目標

ブラジルで独学をしていたときには、公認会計士をめざしていました。どこまでちゃんと決めていたかは、あまり定かではないのですが、それには父親のアドバイスから大きな影響を受けました。中学生とか高校生が会計士になりたいなんて普通は思わないので、父親が、会計士がいいと言っていた、というのが大きかったのです。

父親は普通の会社員でしたから、親とすれば、普通の会社員よりは会計士のほうが、手に職といいますか、そういう資格を持った職業のほうがいいんじゃないかと思っていたようです。それから、海外などで自由に活動ができるという面でも、これからは良いのではと思っていたようです。

今ふり返ってみると、その判断はまんざら間違いではなかったんだろうと思います。経済学者になろうと考え出すまでは、日米で会計士資格を取って、国際的にコンサルティング業務みたいなことができれば、というのがなんとなくの夢でした。最近はそういう方が増えてずいぶん活躍されていますから、早くからそういう目標をめざしてやってきていたら、もしかしたら、そういう方々の先駆けとして今よりもう少し楽な暮らしができたのではないかと、思ったりもします。

そんな目標でしたから、ブラジルにいたときも、少しは簿記の本だとか会計学の本を勉強はしたんだと思います。ただ、そんな程度のことで、本格的に勉強しはじめるのはもう少しあと、大検を取ったあとぐらいからとなります。まずは、高校程度の知識を身につけてからという気持ちで独学をしていました。

ふり返ると役に立った独学の経験

とりあえずの目標はそんなわけで会計士だったのですが、この段階では、会計士になってこうやろうとか、こういう人生を歩んでいこうとか、そういうことはあまり考えていなかった気がします。当初から、たとえば、なにかこういうことをやりたくて、だから高校へは行かないとか、だから海外に行くんだという、本当はそういう意味での目的意識がしっかりあった人生であればカッコよかったんですが、そうではなかった気がします。そういう意味では、ある程度なりゆきでやってきたという感じです。

ただ、あとからふり返ってみると、意外にいろいろなことが、意外なかたちでのちのち役に立ってきたという面はあって、それは、自分自身不思議だなと思います。けれども、多かれ少なかれ、どんな人にもそういう面があるのではないかと思うので、私が特別なわけではないと思います。

どういうふうに役に立ったかというと、たとえば先の独学のやり方ですが、それはけっこう学者にとって重要なことだったんですね。学者の世界というのは、実はほとんど独学のようなものです。つねに新しいことを考えていかなくてはいけないので、そこは誰かが教えてくれるわけではないんですね。自分で何かを考えて、何か結果を出して論文を書いていかなくてはいけない。

そうすると、独学で高校の勉強をしていた時と同じように、わからないこととか、つまずいてしまうことがあって――そういうことのほうが多いのですが――そうしたときに人に聞くくせがついていると、そこも人に聞きたくなってしまいます。だけど学者が考えているような問題は、世の中に、実は答えてくれる人は誰もいないのです。そういうときに、どうやって乗り越えていくのかとか、どこでがんばるかとか、どのへんまで粘るかとか、そういう知恵があるというのは、論文を書くときにかなり役に立つのですね。別に、学者になるために高校のときに修業をしたわけではまったくなかったのですが、あとでふり返ると、そういうところで役に立っているなと思う面がけっこうあります。なんとなく、意図せざる道ができてくるという部分がずいぶんありました。

でも、それはきっと私だけのことではなくて、今までやってきたことが活かせるような道をうまく探し出せれば、誰でも、「意外な経験が役に立つ」ということはあるのではないでしょうか。

自分で勉強してみると選択肢が広がる

独学に向き不向きはあるのだろうか、と聞かれることがあります。性格的なものは、ある程度あるだろうと思いますね。独学のメリットは、くり返しになりますが、自分で自由にペース配分を決められるということです。けれども、一方では、誰もペース配分を強制する人はいないので、ついだらだらとしてしまったりとか、うまく自分でリズムが作れなかったりということは副作用として起きるのだと思うんです。そういう中で、うまく自分のペースをつかんでいける人と、そういうのは苦手で、外からペースを与えてもらうほうがいい人というのは、ある程度あるのだろうなとは思います。

ただ、誰でもどうしても勉強をしないといけないときはやるしかないわけで、そこは皆きっと同じだし、それから、自分のペースでやったほうが頭に入るというのも、きっとかなりの人がそうだと思うのです。そう考えると、実は、多くの人が思っているよりも、ずっと自分で勉強することのメリットは大きいのではないかと思います。

私はたまたまこういうことを、高校とか大学とか根幹の学校教育のところでやりました。けれども、そういうところでなくても、趣味の世界だったり、副業だったり、あるいは次の違う職業に就くための勉強だったり、いろんなところで、勉強したいと思うことはけっこう多いと思うんですね。そういうときには学校に行くというのもひとつの選択肢ですけれども、自分で少し勉強してみるというのも、きっとひとつのよい選択肢なのではないかと思うんです。

そうすると、わざわざ学校に行ったりする手間もかからないし、それから、わざわざ専門学校に入るための苦労もしなくてすみますから、人生の選択肢が増えてきます。いろんな場面で、自分のやりたいことを少し勉強してみる。そこから少し進んでみて、この方向が面白そうだと思ったら、副業でもたとえばそこをつきつめてみるとか、あるいは、そちらの方向へ転職してみるというトライもありうると思います。

どうしても学校へ行かなければならない、となると、ずいぶん幅が狭くなってしまうので、少しその点は自由に考えてもいいんじゃないでしょうか。「日本は」という言い方はあまり好きではないのですが、海外でいろいろなものを見てくると、日本での、「きちんと型にはまった学校へ行き、卒業証書をもらって、一とおりの知識を身につけないと希望している職業や、考えている進路には進めない」というものの見方は、ずいぶん窮屈なように思えます。そんなふうに考えてしまうと行き詰まってしまう気がします。

言い換えると、型どおりにしないといけないという意識が、日本では強い気がします。そうなると、方向転換や違うものに取り組んでみることのハードルがすごく高くなってしまって、一度決めたことは変えられないとか、コースは変更できないとなりがちになる。それはすごくもったいない気がするんです。もう少しそこは、柔軟に考えてもいいのではないでしょうか。

ちょっと自分のやりたいこと、関心のあることがあったら、本を買ってきて勉強してみるとか、最初はそんな簡単なステップでもいいと思うんです。そういうことで、学んでいくきっかけになれば、ずいぶん自分の選択肢が広がりますし、いろんなことをやるチャンスが広がってくるでしょう。独学だけが唯一ベストの道だとは思わないのですけれど、そういうきっかけは作りやすいんじゃないのかなと思います。

自由度のある選択を

私自身も、まっとうな道は、普通に高校に行くことだったんだろうと思っています。自分はこういう道をたどりましたけれど、皆に、大検を取って大学に行こう、と強く言う気はありませんし、それが本当にベストな道かというと、それはよくわからない。普通に高校生活を送って、普通に生活するほうが、それはそれでいい道ではないかと思います。

実際、もし普通に高校へ行っていたら、たぶん普通の受験校に行って、普通に大学を受験して、それでどこかの会社に入って、ばりばりか、あくせくか、きゅうきゅうかわかりませんけれど、それなりに働いていたのではないかと思います。やはり環境に左右される面というのは誰しも大きいと思うので、普通に進学校に進んで、大学入試を受けていたら、大学で違った生活をしていたでしょうし、考え方もだいぶん違っていたでしょう。どちらがいいとか悪いとかいうことではなく、たぶん今の私ではなかったのだろうと思いますね。一生懸命、受験勉強をしていたのだと思います。

ただ、それがまっとうな道であったとしても、それしか道はないとは考えてほしくないなと思います。これは、多少、経済学、経済心理学の最近の発展と関連するエピソードなんですが。今、一人の人がある道を歩いていたとします。そのときに、強制されてお前はこの道を歩いてあそこに行けと言われた場合と、そうではなくて、自分でこの道を歩きたいと言って歩いた場合とがあったとします。両者とも、スピードもまったく変わらなければ、縄がついているわけでもなく、同じように単に同じ道を歩くという行動をしていたとしても、実はそこから得られる満足度だとか、うれしい気持ちというのはかなり大きく違ってきます。

これはあたり前の話ですけれど、そこが重要な点のような気がします。やっていることは同じなので、作業としては同じなんですが、それを人から命令されたり、強制されたりして取り組まされるのと、自分から自発的に、自分でやりたいと思ってやるのとはぜんぜん違う。もちろん、そうはいっても生きている以上は、なかなかすべて自分の自由にはならないですけれど、同じように何かをするのであれば、できるだけ自分から道を選んでいくほうがずっといい。

そこがたぶん、今の日本の教育制度の窮屈さにつながっている気がします。日本だとどうしても中学校を普通に出たら、高校に行って、高校を出たらすぐに大学に行く。そして、大学を出たらすぐに就職をする。それも、できるだけ偏差値の高い中学に、偏差値の高い高校に、偏差値の高い大学に行く、というルートができあがっていて、そのルートを走らなければいけない、この階段を上がっていかなければいけない、というふうになっています。少なくとも皆そう思っていますよね。そうなってしまうと、やっぱりさっきの強制的に道を歩かされているとか、強制的に階段を上がらされているという話に限りなく近くなってくるという感じがします。そこは非常に窮屈だし、大変だろうなというふうに思うわけです。

窮屈なレールを実は誰も強制していない

でも、本当は誰も強制していないのです。皆、その道しかないと思って、ここを走らなければいけないと、人より遅れたらもうだめだと思い込んでいるだけで。実はそんなことはまったくないんです。それは、私みたいにちょっと道を踏み外してみると、とてもよくわかる。

この道しかない、ここをはずれると危ない、もう二度と同じレールには乗れないと皆が思い込んでいるので、周りも、それはそうだと言うわけです。この道を上がって行かないと、中学に行ったらなるべくいい高校に行かないと、そしたらすぐにいい大学に行かないと絶対だめだよと言う。大学を卒業後はいい会社へという階段があって、そこで一生安泰に過ごせるかというと、まったくそんなことはないというのは本書の読者の皆さんなら、よくおわかりだろうと思います。

でも、ちょっと踏み外してみると、実はそんなことは全然なくて、その道の周りにはかなり広大な道が広がっていて、そこから向こう側に行く道がいっぱいあるわけです。

たぶん、読者の皆さんの中には、高校へ行かないで独学などときくと、なぜそんな道を選ぶんだろうとか、そんな道を選んで本当に大丈夫なの？　と疑問を持たれる方もいると思うのです。それは今の敷かれているレールの上を走っていると、そんな気分になるんですけれど、ちょっとずらして見ると、ぜんぜん何でもないというか、むしろそっちのほうが普通で、何でわざわざそんな狭い道を皆がきゅうきゅうとしながら歩いているのかわからない。こっち側にはいくらでも広い道が広がっていて、ずっとのびのびといろんなことをやりながら歩いて行けるのに、という感じだと思うんです。

そこは、なかなか普通の道を歩いていると気がつかない。最初の話に戻りますが、だからといって高校に行かないほうがいいとか、独学したほうがいいとは私はまったく思わないんです。でも、高校に行かなくたって、大学に行かなくたって、大企業で働かなくたって、それなりに道はいっぱいあって、それなりに楽しいこともいっぱいあって、それなりに生きていけるということは知っていてほしいなというふうに思います。

特別な能力なんて必要ない

そう言うと、しばしば「あなたにはもともとそういう能力があったからじゃないですか」と言われます。自分にいったいどういう能力があったのかは、本当のところよくわかりません。わからないけれども、能力があったからうまくやってこられたわけでもないと思います。

もちろん、それなりに独学の向き不向きだとか、そういうことはあるでしょう。だから、たぶんそれぞれの人に合った勉強の仕方とか、職業の選択の仕方とか、そういうものはきっとあると思うんですね。

たとえば、私が同じように高校へ行かなかったり、大学へ行かなかったりした場合でも、芸大をめざしていたり、ピアニストになろうと夢見ていたりしたら、それはまったくうまくいかなかったでしょう。だから、道を踏み外しても、オートマチックに成功へのエスカレーターに乗せてもらえるというふうに言うつもりはありません。

でも、それなりにその人に合ったやり方は他にもいっぱいあるはずです。私が今こうやって大学でポストを得られたのは、それなりに運もあったと思いますし、私の勉強の仕方だとか、自分の得意とするものに合っていたということもあるでしょう。それは他の人にも皆あるはずですし、それをうまく見つけられれば、それなりにいい方向に行くんだと思います。

逆に皆が通るような同じ道のほうに適性があるというか、その道が合っている人のほうが、むしろ少ないはずなんです。中にはそういう人もいて、受験勉強が好きで、試験勉強が得意で、就活でのアピールもバッチリで、そういうところだとやる気が出て、能力を発揮できるという人がいますから、そういう人には向いているんですね。東京大学などには意外にそういう人が多いのですが、試験があるとやたらいい点を取るという人がいる。

でも、実はほとんどの人にとって、その道がベストじゃないはずなんです。現在の日本のシステムというのは、大勢の人たちに、それなりの教育を一とおり学ばせるために便利なようにできただけなので、それが、それぞれの人に本当に向いているとは限らないからです。

この点は、ぜひ多くの人に気づいてほしいですね。

4章 私はこんなふうに独学してきました

私は、ずいぶん長い間、独学で勉強してきました。どんなふうに勉強してきたか、皆さんご関心があるのではないかと思います。そのあたりを少し、書いてみたいと思います。といっても、何か特別なことをしてきたという意識は自分ではあまりありません。

丁寧なノート作りは逆効果

いくつかポイントがあるのですが、まず、日頃の勉強パターンとして、ノートは作らないで勉強するという学習法をずいぶん長いことやってきました。普通は、勉強した内容をノートにまとめたり、ノートに書いて覚えるというパターンが多いと思いますが、私はそれとはまったく逆のやり方をしてきました。ノートを作らないでいろんなことを覚えていくというスタイルをとってきたのです。なぜそうするようになったのかというと、実は最初は一生懸命ノートを作っていたんです。

話は、中学の最初の期末試験にさかのぼります。シンガポールの日本人学校にいたときですが、彼の地でもちゃんと期末試験がありました。日本と同じように採点をするというかたちでしたので、普通の中学生と同じように一生懸命試験勉強をして、試験に臨むことになりました。

最初の試験だったこともあって、やる気を出して、きちっとノートを作って、しっかり覚えようと思い、それぞれ主要科目について1冊ずつノートを買ってきました。一生懸命きれいなノートを作り、授業でとったノートをまとめたり、参考書と教科書とノートを照らし合わせていろいろまとめたりしたんですね。そして、きれいなノートはできるにはできたんです。あとから見ても、非常によくわかるノートだったと自分でも思うぐらいの出来映えでした。けれども、実はそのときの試験の結果というのは、あまりはかばかしくなかったのです。

ふり返って反省してみると、ノートを作ることに一生懸命になっていて、ノートの中身をきちっと覚えるとか、中身をきちっと考えるということがおろそかになっていたように思いました。そこできれいなノート作りは、勉強時間が限られている中で、どうも無駄なんじゃないかと思って、それから大きな方向転換をしたというのが、私の経験なんです。

多くの場合、見やすい図を作ったり、きれいに整理して、マーカーを使って色を変えてみたり、ということをいろいろとやるわけです。その過程で何が重要かを確認したり、覚えていったりする部分もあると思うのですが、実はそれはあまり効率が良くない。それよりも、もし書いて覚えるのだったら、もう少し汚い字でもいいから何回も書いたほうがいい。

ノートというのは、本当は、自分さえ読めればいいわけです。友達に貸すという場合もなくはないですが、自分の勉強のためのノートだったらきれいに作る必要はまったくなくて、ぐちゃぐちゃっと書いた字でも自分が読めればいいのです。矢印とか囲みなども、定規を使ってきれいにやりがちですが、そんなことをする必要はなくて、矢印はぐにゃぐにゃでも構わないし、あとから上にいっぱい書き足しても構わない。

少し発想を転換してみると、実は汚いノートでも十分に効果があるんです。だから、きれいなノートを作らない、という方向に意識的に変えました。自分が試験の間際に見て、ある程度思い出せればそれでいいというふうに意識的に変えて、きれいに書くということをいっさい捨てて、最低限のところだけをやってみようと考えました。

次の試験のときにそうしてみたところ、これが、たまたまかもしれないけれども調子がよくて、このやり方のほうがいいじゃないかと思いました。

きれいなノートを作ることを意識的にやめて、汚くてもよいというところまでいってみて、ノート作りよりも自分の頭の中で考えたり、整理をしたり、一生懸命覚えようとしたり、という作業に時間を使ったほうがずっといいということに気がつきました。そうするとさらに、汚いノートもいらないんじゃないかと思い始めて、メモ程度のものでいいのでは、と考えました。試験勉強の最後の最後に、本当に覚えなければならない重要単語とか重要年号を書いたものだけは作る。それは試験の間際に見られるメモ程度のものでよくて、あとはノートはいらないんじゃないかと。必要があったら参考書だとか教科書の横っちょに矢印を引いたりすればいいんじゃないかと思い、できるだけ不精《ぶしょう》ができるように、もっと節約をしてみました。

そうすると、意外にこれが調子がいい。節約ができるだけではなくて、ノートというのは書いてしまうと安心してしまうところがあるんです。それを逆手にとって、ノートがないとなれば、しっかり覚えなければいけないという気になるんです。なので、しっかり覚えるためにはノートがないほうがむしろ気構えとしてもいいということになります。普通とは逆の発想なんですが、意外にそのほうが頭に入るということがわかりました。

ただ書くことによって頭に入ったり、整理をしたりということはありますので、たとえば数学の証明だったら、その証明の図をきちっと書いてみるとか、そういうことはやるのですが、ノートというかたちで残す必要はぜんぜんない、ということになりました。あと暗記的なものは、前に書いたように、メモで一番最後にぱっと見られるようなものを作るくらいにしました。そうしたほうが効果があったので、その後はそのやり方を続けました。

このエピソードで伝えたいことは、だから皆さんノートをとらないほうがいいですよということではなくて、やはり人それぞれいろいろなやり方があるということだろうと思います。私の場合は、ノートをとらずに自分なりの暗記の仕方とか、頭の使い方をしたほうがずっと勉強の能率が上がったということです。でも、やはり普通はノートに書いて、きちっとまとめて覚える、ということが一般には言われていますし、それで能率が上がる人は当然いると思います。ただ、そういう既存の概念ややり方にあまりこだわらずに、少し自分なりのやり方を工夫してみるのもいいんじゃないか、という気がするんですね。

学者になってからあらためて思うことは、勉強や研究のマスターの仕方を、自分なりに工夫することが実はとても大事だという点です。そこをうまくやれると、ずっと早いスピードでステップアップをしていきますし、そこを間違うと結局回り道をしてしまうということなんじゃないかなと思います。

　たぶんこれは、勉強だけではないと思うんです。スポーツでも同じで、何回も何時間も練習することは大事なんですが、コーチに何かちょっとコツを教えてもらうとすごくうまく蹴れるようになったり、投げられるようになったりする。それと同じように、自分に合った勉強の仕方、時間の使い方をうまくつかめると、ぐっとステップアップできるのだろうと思います。

マーカーは引かない

　マーカーは使わない、というのも一般に言われていることとは逆だと思います。テキストとか参考書も基本的には赤線を引いたり、マーカーを引いたりして覚えなさいと言われますが、ノートを作らないだけではなくて、私はそれもやりませんでした。比較的きれいなまま本が残っているので、古本屋に高く売れそうなくらいです。別に古本屋に売るために使わなかったわけではありませんが、マーカーを使わないようになったのは、中学の経験よりも少しあとのことです。もう少し本格的に独学をするようになってからの工夫なんです。ブラジルに行き、自分で勉強をし、自分でペースを決めていくことになってから考えたことでした。

なぜそうするようになったかというと、自分で勉強しているときの問題点のひとつは、どこが本当に重要なところか、どこを覚えなければいけないのかが、よくわからないということなんです。高校の参考書は、それでも太字になっていたり、色が変わったりしていますので、比較的わかるのですが、大学レベルのテキストや公認会計士の勉強というレベルになってくると、ベターッと文字が書いてあるだけのテキストがほとんどです。だから、よく読まないとどこが重要なのかわからない。そうすると、最初に読んでいくときには、どこも重要に見えてくるんです。どこも重要そうに見えてしまって、どんどんマーカーを引いていくということになり、読み終わって気がつくと、一冊のうちの8、9割方にラインが引いてある。これじゃあ、あんまり意味がないなということになりました。

でも、読んでいるときは引かないと不安になるんです。なにか大事なことを飛ばしてしまうんじゃないか、見落としてしまうんじゃないかということで、どんどん引いてしまう。これじゃあいけないと思い、わざとマーカーやペンを持たずに読むようにしました。そうすると、読み方が変わってきて、もう少しちゃんと咀嚼《そしゃく》をし、自分なりに頭の中できちっととらえようとするようになる。先ほどのノートと似ているんです。マーカーを引いてしまうと、ここは重要だからあとでまた読み直せばいいやというように、安心感が出てきてしまいます。引かないと、あとからふり返っても、また一から読まないとよくわからないという不安感があって、それが逆にしっかりと読むというやり方をさせる結果になりました。

ただ、そうは言っても、初めて学ぶ学問だし、先生もいません。先生に教わる場合のメリットは、先生が強調してくれたり、くり返し説明してくれたりするところです。「ああ、ここは大事なんだな」とか、先生によっては「ここは大事だから覚えておけ」と言ってくれたりもします。独学の場合、それが決定的にないので、いかんともし難くて、どこが本当のポイントかというのは、いくら一生懸命読んでも、なかなかわからないのです。

テキストを二回読むようになる

これは独学の仕方という話に絡むのですが、そこはある意味で割り切って、最初はどこが大事かわからなくてもしょうがないと思って読むようにしたんです。その意味では、やはりマーカーは必要なくて、どこに線を引いていいのかわからないわけだから、まずは通して読んでみるようにしたのです。そのあと、もう一回読み直してみると、大事なところがそれなりに見えてきました。それで、当初はその二回目でラインを引けばいいと考え、そうしました。でも実は二回目も、マーカーを引かなくていいんです。つまり、ポイントが見えてきたので、もはや結果的に引かなくてもよくなる。それでも大事で覚えなければいけないとき、たとえば試験の時などには、それなりに引いたり囲ったりしましたが、そのうちにだんだんとそんなこともしなくてもいいんだという感じになりました。

これは、ある意味独学だから必要だということでもあろうかと思いますが、先生に教わる普通の勉強よりも、そこは一歩下がって、マーカーを引かずにまず読んでみる、引かないで考えてみると、また違った読み方ができるということではないかと思います。

ひとつ細かい話をすると、高校時代にやらなければいけない大検向けの勉強と、大学レベルの勉強や公認会計士や経済学の勉強とは、やはりちょっと違っていました。高校の勉強では、使ったのは市販の参考書でした。高校の参考書は、皆さんご存じのようにどれも基礎はある程度中学時代に勉強している科目だったわけで、まったく知らない科目ではなかった。そうするとある程度、勘が働いて、その勘とあとは参考書の丁寧な記述があれば、それなりにポイントは把握できて――マスターできるかどうかは別にしても――順番に読んでいけば、困ることはありませんでした。それと、今でもそうでしょうけれど、参考書というのはカラフルなものがありますし、本当にきれいにまとめてくれていますから、そこであらためてマーカーとかラインを引く必要はなかったということです。

一方、通信教育で大学の勉強をしたり、自分で会計士の試験勉強をしなくてはいけないときには、右のような問題にまともにぶち当たります。ポイントがわからないとか、その科目の勘どころがなかなかわからないという事態が多くありました。そういうときには、一冊読んで、それをもう一回すぐに読みなおすということをせず、その前に、別のテキストも読んでみる。それからもう一度、最初のテキストに戻る。そうすると、より効果的なケースが多かったと思います。

問題集はやらない

ブラジルには、参考書の他に問題集も持って行きましたが、私は問題集の問題はやりませんでした。こう書くと、問題集をやらずにどうやって勉強するんだ、とお叱りを受けそうです。やらないというのはちょっと語弊がありますが、正確に言うとやらなかったわけではなくて、問題を解かなかったんです。しっかり解かない。問題集は使うんです。けれども、あまり解くのに使わない。問題集は、大事なところやポイントを把握するのに使ったんです。

問題を解くのは大事なことですが、これも最初のときに失敗したのは、苦労して一生懸命考えて問題を解いていると、時間がかかってしょうがないんです。何のためにそれだけの時間をかけているのか、という疑問が湧いてきます。もちろん、時間をかけて一生懸命考えたり、解いてみるという過程も必要ですけど、いかんせん、そこまで学力が届いていないと、無駄に考えてしまうことが多い。独学なので、自分がその問題集に取り組むのにふさわしいレベルに到達しているかどうかというのは、あやしいのですが、そこの判断はわからないわけです。そこで無駄に時間をかけていることがけっこうあるのだと気づきまして、これじゃいけないと思い、発想を変えました。極端な言い方をすると、わからなかったらすぐに答えを見る、というパターンで、問題集を使うことにしました。

ただし、単に答えを見て、それですますのではありません。問題集になぜそのような問題が出ているかと言えば、それはそれなりの理由があるわけです。実は出ている問題と答えが、その科目の重要なまとめになっているんですね。

だから、問題集の問題を解きながら、ある程度は考えるにしても、その答えを見て、そこで重要点を把握するという工夫をするようになりました。そのうちに、これは要点整理に使えるということになったので、逆にある程度割り切って、この一冊は要点整理に使う問題集、こっちはある程度ちゃんと解くのに使う問題集というように切り分けていきました。そうすると問題集としては使わない問題集がずいぶんと増えるので、そればかりではやはりマズいだろうと思い、ある程度きっちり取り組む問題集もある、というように、そういう仕分けを、科目によってても違いますが、やってきました。

ただ、こういうような発見はすぐにはできません。今ふり返ってみるから、こんなふうにきれいに整理して述べていますが、試行錯誤があって、最初はなかなか解けない、しょうがないから見ようか、というようなことをいろいろとくり返したんだと思います。本当はそんなにスーッと道を切り拓いてきたわけではないんです。

ただ、まっとうなやり方をそのまま続けていても、ちゃんとゴールにはたどりつけないかもしれないとはいつも考えていたので、それなりに自分で何か工夫をしながらやらないといけない、という意識はありました。

普通の高校生ならば、学校の定期試験がありますが、それがないことの不安感やあせりのようなものは、ふり返っても、あまりありませんでした。高校時代の勉強の場合は、参考書や問題集はそれなりに豊富にありましたから、一応自分がどの程度できるかは、そういうものに取り組むことでわかりました。それらの問題をちゃんと解けるようになればできているということだし、できなければまだダメということですから、レベルがわからない不安はなかったです。それなりにやれれば、それだけの自信は付いてくるという感じでした。

大検合格のための勉強法

高校の勉強は、とりあえずは大検に通ることを目標にしていました。大検の科目は、あの当時は今より科目数がかなり多くて、正確な記憶ではないのですが11、12科目くらいありました（現在の「高認」は8～10科目）。社会科の科目でも地理も日本史も世界史もありました。そういうふうに数えていくと、選択の余地はあまりなくて、現在の「大学入学共通テスト」より科目数はずっと多い。その科目を全部勉強しました。高校生が普通に学ぶ科目は全部やってください、ということだったと思います。保健体育もありました。筆記試験があり、実技もあったような気がします。技術・家庭もあった。ちょっとそのへん定かではないですけれども、とりあえずそのような科目も全部取り組んだ記憶がありますね。

そんなに難易度の高い試験ではなかったという印象です。合格水準は大学入試ほど難しくはなかったと思います。たしか1科目、4割以上取れると、その科目に合格するようになっていて、全科目を一度に受けなくてもよかったはずです。私の場合は一度に受けざるをえなかったのですが、制度としてはひとつずつ取っていってもいいようになっていました。当時は年一回（今は二回になっている）だったので、帰国して受けるわけですから、そこで受からないと1年遅れるので、一生懸命受けた思い出があります。3日か4日かけて行われるのです、科目数が多いから（今の「高認」は2日間）。

大検の過去問は当時からあり、それは把握していました。でも、試験前にひたすら大検の勉強をした記憶はあまりなくて、高校のそれぞれの科目をそれなりにマスターするという程度で、試験対策の勉強はほとんどしていませんでした。過去問はやりましたけれど、それ以上の試験対策的なことはやりようがなかったですから。

また、当時は会計士という目的がありましたし、ブラジルにいたので試験を受けるのが遅くなりましたから、高校の勉強と並行して、大学とか会計士向けの勉強も多少していました。大検に通るまでは高校の勉強で、その後は他の勉強という区切りはあまりなかったですね。そこが少し、普通とは違っていたと思います。それはそれで面白かったです。

科目ごとの勉強では、やはり数学、物理に重点を置いていました。少しメリハリをつけられるというか、わからなかったら1週間、2週間、極端に言うと同じ問題を考え続けて解いているというようなこともありました。前に書いたように、独学だからこそ、スピードを自分で調整できるので、ゆっくり進みたいところは、立ち止まってゆっくり考えられるのですね。

多少悩んだのは、ペース配分が、本当にこれでいいのかという点です。得意科目、不得意科目の時間のスケジュールはある程度管理しました。私はどちらかというと暗記科目は苦手で、とくに歴史とか生物などで脈絡なく単純に暗記して覚えなくてはいけないというのが苦手でした。苦手な科目はついつい後回しになったり、やらなくなったりします。これも独学のひとつの傾向なので、そこはある程度自分でコントロールして、つまらない科目ほど時間や期間をちゃんと決めてやるようにはしました。

もっとも、基本は、好きなことをやるという方針でしたので、苦手科目の時間もきちんと確保しましたけれど、それでもたぶん普通の高校生がバランス良く勉強しているのに比べると、かなりアンバランスな時間の使い方だったと思います。だから、やはり数学や物理などの問題を考えているほうが好きでした。

また、普通の高校生と決定的に違ったのは、大学入試の勉強はほとんどしていない点です。ほとんどというかまったくしていない。大検を受けるための勉強はしましたが、これは基礎能力を見るという趣旨でしたから。

短めの目標を立てる

独学で、先生も授業もない中で、いろいろな科目を順番に勉強していくときに、やり方に関して少し悩むところもありました。独学が普通の勉強の仕方と違うところは、試験を受けなければならないとか、ある段階まで進んだら誰かに報告しないといけないというチェックが何もなかった、つまり区切りがまったくなかったことでした。とくに私の場合、ブラジルに行っていたこともあり、勉強に区切りがなく、また、何年も先には試験を受けなければならないという目標があるくらいで、到達点のようなものもほとんどありませんでした。

そうすると、ペース配分だとか、自分をステップアップさせてゆくための順序や順番を、自分自身でコントロールしなければならなくて、その部分が最初はちょっと難しかったというか悩ましかったです。

私が行った工夫のひとつは、わりと短めの目標を立てるということでした。そもそもかなり遠い目標しかないので、なかなかモチベーションが上がらない。なので、たとえば1週間とか、明日はこの辺まで進めるとか、来週はこのあたりまでやってマスターするとか、あるいは1ヵ月先にはこういうことをやっているというように、わりときめの細かい目標を自分で立てました。そこを長めにせずに短い目標を立て、それに向かってやっていくようにするというのがモチベーションのもたせ方のひとつでした。

単に漠然とした目標を決めるだけでは、なかなかやる気が出ない。短期的に、明日これをやると決めておくと、それがなんとかできるようにがんばるというパターンになります。それが達成できたら、自分なりに何かご褒美《ほうび》があるというようなかたちで、無理やりやる気を出させるというやり方もしました。

ただ、それでそのとおりに着実に階段を上がっていけたのであれば、きれいなお話ですが、あくまで自分で決めた目標にすぎないので、実際は目標を達成できないケースも多かったですね。考えていた目標の8割いければいいほうでした。それでも、何もないよりは、そういった目標があったほうが良くて、自分であらかじめ計画を立てることでやる気も出るし、目標を立てるときに、目標を考えるという作業自体にも意味があったように思います。

たとえば、1週間先の目標として何を立てるべきかを考える。そうすると、この科目はここまでやっていればいいだろうとか、この科目は進んでいないからもっとやるべきじゃないかということをいろいろと考えます。そうすることで、一とおり自分の到達点や学力のレベルを、客観的に見直す作業をそこで行うことになる。ある程度客観的な目で、いったん立ち止まって見直すステップが重要なのだと思います。だから達成できなくても、目標を立てるという行為は重要でした。

あとは性格にもよりますが、目標がなかなか実現できなくても、私はそれをあまり気にせずに生きてきたように思います。がちがちに目標を立てて、がちがちにがんばるぞとやるのはけっこうきつい。厳しく背水《はいすい》の陣《じん》を敷くようにしないとがんばれないタイプの人もいるでしょうし、逆にそうしてしまうと力を発揮できない人もいると思うので、人によりけりだと思いますが、私のように多少ルーズな心持ちでやっていったほうがよい人もいるのではないでしょうか。

自分のペースで配分を考える

計画を立てる際に、時間的な自由度は、かなり大きく持っていました。まさに独学のメリットですが、たとえば、わりにさっさとすませる部分と、へたをしたら1ヵ月1ページくらいの進み方でいいという部分と、自分のペースで計画を立てられたのはとても意味のあることでした。またそれは、本来の勉強のあるべき姿だったんじゃないかと、今考えると思います。毎日毎日、毎月毎月、何十ページずつ進まなくてはいけないとか、そのスピードに追いつけなかったら落伍者《らくごしゃ》だとか能力がないとか、本来の勉強というのは、そういうものではないと思うのです。誰でも得意不得意がありますし、わかるところ、わからないところがあるわけです。つまずいたところで、変にそこに目をつぶって走ってしまったら、結局はその学問をちゃんと身につけたことにならないかもしれない。だから、その人なりの理解度できちっとペースを作っていくことが、本当は勉強にとって最も必要なのではないかと思うのです。

今からふり返ると、結果的にはわりとそれに近いことができていたんじゃないかと思います。そういうことは、むしろ研究者になってから強く思うことで、前にも書きましたけれど、研究者の勉強の仕方、研究の仕方というのが、基本的に独学だからなのです。人から教わることはもちろんあるけれど、今まで誰もわかっていなかったことを明らかにしていくのが研究です。そうすると教わってできる範囲は限られている。自分で道を拓いて行き、そこに道を作っていくしかない。それが本来の研究とか学問というものです。それは実は、独学する中で自分がどの方向に行けばよいかということを考えながら歩いていくのとよく似ています。その意味では、私がやってきた独学のやり方や工夫は、研究者になったときにずいぶん役立つものが多かったです。研究者は多かれ少なかれ、同じようなことをしている、あるいはやらざるをえないのかなという気がします。

おそらく他の研究者の方々も、学問の性質や研究者のスタイルによっても違うと思いますが、人に聞いて何か答えを出すことができない以上、悩んでは立ち止まり、進んでは壁にぶつかって、というのをくり返しているのではないでしょうか。もう一回その壁にぶつかるのか、あきらめて遠回りをして別の道を探すのか、というようなことにたえず悩んでいる。そんなところは、どんな研究者であれ、多かれ少なかれあるんだと思うんです。その時の時間の使い方も、やはり悩んでいるんだと思います。

論文を書いているときも、つまずいてしまうとそこで1週間や2週間、一歩も進めなくなるようなことはいくらでもあります。そのときに粘って時間を使うことが新たな道を切り拓いたり、逆にそんなにゆっくりやってもいられないので、早く進むところは進むこともある。そういったペース配分がうまくできないと、なかなか論文を書いていくことはできないんです。

好きなことに集中できる

それから、独学のメリットのひとつですが、好きなこと、自分に関心のあることに、かなりの時間を使って集中して当たれるということがあります。これは大きなメリットだと思います。広く浅くいろいろな勉強をするということにもメリットはあるし、ある程度必要だとも思います。ですが、関心のないこと、好きではないことは、なかなか頭に入らない。やはり、好きだったり関心のあることを一生懸命やるのが、人間の自然な姿ではないかと思うんです。そこに集中できることに大きなメリットがあるし、私は自分でそのようなやり方をしてきました。

もちろん、やりたいことをやろうと思ったら、付随して面白くないことをやらなくてはいけない場合もあります。いくらバッティングが好きでも、野球がやりたかったら守備練習もしなくてはいけません。けれども、本当に面白くてやりたいことだったら、付随したつまらない部分も我慢して、やり遂げることができるように思います。だから、自分の好きなことにできるだけたくさん取り組むのが大事だと思うんですね。学者の世界でも、ある意味、自分の好きな研究をやっていきますが、それで学問が進んでいく部分がありますので、そこも一貫して共通しているところではないかと思います。

多少、日本文化論のようになりますけれども、日本人は何でもよく知っているということが偉いという、博学礼賛《はくがくらいさん》の傾向がとても強いと思うんです。何か大事なことを知らないと、周りから「そんなことも知らないのか」と言われて馬鹿にされてしまう。入試にもその傾向が表れていると思います。広くきちんと知識が身についているかどうかという評価の軸がある。学者の世界でもある程度そういう傾向があります。

けれども、実はすべてのことをそんなに知っていなくてもいいのです。それでも十分暮らしていけるし、世の中に貢献できるわけなんです。

経済学の話をすると、日本に比べるとアメリカの経済学者は、特定のことだけをよく知っている人が圧倒的に多いです。つまり、自分の専門分野については非常に深くよく知っている。あとの知らないことは、知っている人に聞けばいいじゃないかという割り切りを、ある意味でしているんですね。一人の人間が学べることや得られる知識には限りがありますから、その限られた勉強時間や脳の記憶の中で何を使うかというのは、大事なことだと思います。世の中これだけ情報技術が発展しているわけですし、幅広くいろんなことを知っているというだけでは、あまり有用性はないというケースが増えてきている気がします。そのかわり自分が大事だと思っていること、自分が必要と思っていることに関してはきっちりわかっている、きっちり考えられる、そういう人材の重要性が、これからはどんどん強くなってくる気がします。これは多少、経済学者的な直感ですが。

ひるがえって、勉強の仕方にも、もう少しそういう視点があってもいいいんじゃないかなと、私は思っています。自分のやり方がベストだったかどうかわかりませんが、ある程度好きなことを集中してやってみるということは、専門知識を身につけるという意味では役に立つのではないかと思います。

通信制大学を選んだ理由

さて、私は何度か述べてきたように、大学は通信教育課程を選択しました。普通の大学受験はいっさい考えなかったのかというと、まったく考慮に入れなかったわけではないのですが、少なくとも大検を受ける段階では考えていませんでした。最初から通信制大学を受けるつもりでいました。通学課程の大学に行こうという気はなかったです。もちろん外国の通信制大学も考慮の対象にしました。だからアメリカの通信制大学も選択肢のひとつでしたが、あの段階ではちょっと難しいという判断がありました。

なぜ通信制を選んだのかというのは、そのときに会計士をめざすことがある程度決まっていたので、極端なことを言えば大学卒業の資格さえ取れればいいというのが一番の理由だと思います。目標がはっきりしていたので、通学課程の大学に行く必要はなかった。海外で暮らすというなかなかできない経験ができるので、そちらを優先したということです。

慶應義塾大学通信教育課程の経済学部というのは、通学課程の経済学部と商学部が一緒になっていて、商学部の科目も取れるかたちになっており、商学系の科目も多かったんです。また、通信制は他の大学にもありましたが、しっかりとした教育をしてくれるところということで、慶應を選びました。逆にいうと、慶應だから勉強は厳しかったという面もあると思います。

通信教育課程には入学試験がありませんでした。書類審査だけなので、試験問題を解いて合否が出るというかたちにはなっていませんでした。だから、入学するための勉強というのは何もしていません。そのかわり、通信課程では、さぼっているとどんどん落とされます。アメリカの大学のように、普通の通学課程に比べると、科目の合格がはるかに難しいんです。だから、入るのは簡単ですけど、卒業するのはすごく大変です。各科目の試験はとても厳しくて、合格率はかなり低かったと記憶しています。

大学通信課程も独学でスタート

私は、このときも独学でした。独学でどうやって通信教育の大学の科目試験に合格できるのだろう、と最初のうちは悩みました。大検受験時代のように、問題集や参考書はもうない。

会計学や公認会計士の試験に出る経済学のような科目に関しては、それ向けの問題集はありましたが、教養課程には哲学があったり文学があったり、他にも一般教養科目をたくさん受けないといけない。たとえば哲学などは、分厚いテキストが送られて来て、太字もなければラインも引かれていない。（今はだいぶ状況が変わっていると思いますが、その当時は）かなり以前に書かれた古くて難解で、そっけないテキストがポンと一冊ただ送られてくるだけでした。レポートの課題があり、それを書いて試験を受けて通らないと単位が取れません。

他にスクーリング科目というのがあって、夏休みの期間か秋の夜間に出席しなければなりません。そこでもある程度単位を取らないといけないのですが、スクーリングでは先生がいて質問や指導を受けることができました。でも、普通の科目は、そのそっけないテキストが送られてくるだけです。これでどう勉強して、何をマスターすれば試験に受かるのかが、さっぱりわからなくて、そこで悩んだ時期があります。

もうひとつ個人的な事情で難しかったのは、教養課程の試験を受けているときにシンガポールにいましたから、一般教養の哲学の参考書などは、手元にないからといって書店に走って買いにいくわけにはいかなかった点です。

テキストしかない、要点も重点もわからないという厳しい状況の中で、けっこうな数の科目の試験に合格しなければいけない。そこで、うまく要点をつかむ工夫だとかテキストの読み方などを身につけて、先にふれたようなマーカーを使わずに、何度か読んでポイントを絞り込むというような工夫をして、勉強しました。

また、試験問題には傾向もあったので、過去問を手に入れて、そこから要点を絞りました。先の「問題集の問題は解かない」の応用ですが、ここところがこういう問題になるのか、というのがわかると、何となく読み方のコツがわかってきて、それで対応するというかたちで、勉強しました。

通信教育のリアル

このように述べてくると、通信教育課程はサービスが悪いように思われるかもしれませんが、決してそうではありません。大きなメリットがありました。

今は変わっているのかもしれませんが、その当時の慶應のシステムは、まずテキストを読んでレポートを書かせていました。課題が決まっていて、そのレポートを書いて提出すると試験を受けることができる。試験とレポートの両方に合格しないと単位が取れない仕組みになっていました。通学に比べるとかなり厳しくて、レポートがけっこう長くて（400字詰めで何十枚くらいだったか）、かなりの分量だった記憶があります。

今なら、インターネットで検索をしてレポート作成に役立つ情報を探すことが比較的簡単にできるでしょうけど、当時はインターネットもなく、関連する参考文献もない。その中で、どうやってこの何十枚もあるレポートのマス目を埋めたらいいのかと悩みました。ですが、ふり返るとこれは、その当時は思いもしませんでしたが、ずいぶんと文章を書く訓練、論文を書くためのトレーニングになっていました。それは今、学者として生きていくうえでは非常にありがたい能力の、（身につけたかどうかはわかりませんが）トレーニングだったのです。

通信教育課程が厳しいひとつの理由は、ある意味、監視していない状況下で独学をさせていますから、ある程度きちっとした勉強をして、基礎能力を身につけたという証明をしてほしいという狙いがあるのだと思います。そういう意味では、学問のやり方の理想形のひとつでしょう。慶應の通信では、4年で卒業できる確率はすごく低いですね。なかなか厳しいです。

通信教育課程では、多くの人は働きながら学んでいました。私はそういう意味では恵まれた環境にいましたから、本当は通信教育課程で勉強する資格のない人間です。普通の通信教育課程の学生さんは、だから皆さんすごく立派です。働きながら難しい試験を受けて、かつスクーリングも参加しないと卒業できないので、それにも参加する。それは夏休みか夜間かしかなくて、地方の人たちは夏に来るしかない。結局、虎の子の夏休みを全部それに使うんですよ。それは実際問題とても大変なことです。そうやって勉強されている方がいっぱいいるんです。また、今はさすがにエアコンが入るようになりましたが、当時は扇風機でした。

レポートを出して初めて試験を受ける資格が得られるわけですから、試験は当然受けに行かねばならない。ほとんどの試験がスクーリングの前後にありましたから、私も夏のスクーリングには帰国して出席しました。しばしば帰っていると飛行機の費用がかかるので、いったん帰ったら、たくさんの科目を受けるはめになっていました。

通信制大学での友人たち

また、スクーリングには、慶友会という、いわゆるクラスに近い会合がありました。いろいろな集まり方がありましたが、典型的なものは各都道府県での集まりでした。大阪慶友会とか、神奈川慶友会とか、東京西部とか。あるいは、特定の科目を一生懸命勉強しようという目的で集まるグループなどもありました。会やグループごとに、勉強会をしたり、講演会を催したりしていました。私も、その中のひとつに入れてもらって、刺激を受けました。

勉強の仕方とか、過去問の情報などの学問上のメリットがありましたし、学問を離れても

いろんな人がいて、視野が広がりました。基本的に働いている方が多く、仕事も年齢もまち

まちです。私は海外にいましたが、通学課程の高校を卒業して、その後に通信教育課程で勉

強されている人もいました。そのようにいろいろな人と話す機会は、そうなかなかありませ

んし、皆さんかなりのコストを払って通信教育課程を受けているわけですから熱心な方ばか

りで、そういう人たちと話をして、相当の刺激を受けました。

通信教育課程を受けている人たちの目標や目的は、２パターンあります。ひとつは、国家

試験等を受けるには大卒の資格が必要だから、その資格を取りたいというパターン。もうひ

とつは、そういう実用性とは関係なく、純粋に勉強したいというタイプで、けっこうそうい

う人も多いんです。中には、すでに他の大学は出ていて、今度は違う学問、科目を勉強した

いとか、子どもが手を離れたので勉強し直したいとか、いろんな人がいました。

次の章で触れますが、いろいろな人生のパスがあっていいんじゃないかとか、いったん社

会に出たあとに再度大学に戻ったり、勉強し直してもいいんじゃないかという考え方を、こ

の大学の通信教育課程の時代に、私は身につけたと思います。その体験は、私にとって大き

いものです。

職業と勉強を気楽に結び付けてみる

また、若い頃は、将来の方向性がなかなか見えづらいものです。それが普通だと思いますし、むしろそういう人たちのほうが多いように思います。今は、もうレールがきっちり敷かれていて、とりあえずいい高校に、いい大学に、いい就職先に、ということしか皆の目が向いてない。ですから、逆にどういう職業に就いたらいいかとか、何をしたらいいかということを考える余裕がないという面があるんじゃないかと思います。いい学校に行くとか、偏差値を上げるとか、いい点を取るとかいう前提を抜きにいろんなことを考えてみると、もう少し自分のやりたいこととか、何をやったらいいかというのが見えてくるのではないかと感じます。

ただし、そうはいっても、「いったいこの職業はどういうことをするのか」とか「この職業は何が面白いのか」といった、将来やりたいことに関しての情報が乏しいと思うのです。大学で学生たちと接していると、ほとんどは、自分が行く学部を偏差値で一生懸命選びますが、その学部に行って何をやるのかとか、将来どういうことがやれるのかとか、そういう結びつきはずいぶん希薄です。それは、すごくもったいないことです。だから、もっとこの職業はどういうことをやるのか、何が大変で、何が楽しいのか等を、高校だとか大学の時点で一生懸命学んでおく必要があるように思います。

だから、物理も英語も数学も、みんな大事ですけれども、試験で点を取ることよりも、自分は将来、どういう職業で生きていくのがいいのかということを考えたり、情報を集めたりすることにもっと時間を使うべきじゃないかと思います。

たとえば、通訳という職業がすごく面白そうなので、憧れていたとします。だから英語を勉強しようということになると、モチベーションが高まると思うんですよね。そういうことを何も考えないまま、とりあえず英語は週に何回か授業があるので、点を取らないと親にも先生にも怒られるからやる、ということだと身が入らないわけです。通訳になって海外で活躍したいということになれば、たとえばヨーロッパの歴史も勉強しようという気にもなるはずです。この順序が逆になってしまっていて、知識を身につけてからやりたい職業を探そうとするから、勉強する意欲がなくなるんですね。

転職やセカンドキャリアについても、同じことが当てはまります。今の会社以外での働き場所を常に考えておく。それは、辛いことのように思われるかもしれませんが、実はそうではありません。新たなチャンスに出会う可能性があって、楽しいことでもあるのです。セカンドキャリア探しも、楽しみながらやるとよいと思うのです。

とはいえ、セカンドキャリアのための勉強となると、みんな「やらなきゃいけない」という義務感が先走ってしまいがちです。そのような余裕がない状況では、忙しいとたちまち勉強が続かなくなります。楽しさや面白さを感じられないと、社会人の皆さんの勉強はなかなか続きません。ですから、楽しめる勉強から入るのがコツです。やがて、それが別のリアリティのある目標につながることが多いのです。

ひとまず「仮」の目標でいい

ただ、そうはいっても転職であれセカンドキャリアであれ、進路選択というものは簡単には決められないというのも本音のところだと思います。だから、それは「仮」でいいと思うんです。僕自身も方向転換をしましたし、世の中にはそういう人はたくさんいるんです。

新卒の就職活動に顕著ですが、どの職業を一生の仕事にしようか、どの会社に一生いようかと思うから悩むのです。そこはもっと仮でいいと思うんです。ある意味、気楽でいいんです。とりあえずそれを決めてみる。その後、もう少しいろんなことを勉強していく中で、こう方向に行きたいとか、これに変えたいということであれば、それは変えてもいい。程度問題なので、あまりコロコロと変えても目標にならないのですが、多少は変更があってもいいと思うんですよね。

今の時代は外側の環境変化が早いので、いろんなことが大きく変わっていきますから、あの職業に就きたいと思っても、その仕事に就く前に情勢がいろいろと変化してしまう可能性もある。また、その職業を深く知らないうちに選択して決めるわけですから、こんなはずではなかったとか、あるいはこっちのほうが魅力的だと思うことも、いっぱいあるでしょう。それは変えてもいいと思うんです。むしろ、あまり当初の目標にこだわってしまうと、道を誤るということがあるので、あくまで「仮」だという意識で進めていくほうがいいんじゃないかと思います。

ただ、「仮」でも目標がないと、やっぱりだめだと思うんです。このへん、言い方が大変難しいのですが、仮の目標があるのことが大事なんです。先に、道を踏み外してみると自由度が広がるということを述べましたが、その時に、自分はこういう人になりたいとか、こういうことをやりたいという行き先のターゲットがないと、結局ゴールが見えません。ゴールが見えなくて、道も決まっていないと、とんでもない方向に行ってしまいます。今の日本では、ゴールは見えていないのだけれど、道が決まっているから、とりあえずみんな道をまっすぐに行くわけですが、道がない場合には、むしろゴールがあることは必要条件なのです。そうしないとあらぬ方向に行くのですね。多少あらぬ方向へ行ってもいいのですが、ある程度おおまかな、あのへんに行くんだという目標地点があることが大事なのです。

サファリラリーというのがありますね。あれは道が決まっていない。回り道をしてもいいけど、とりあえずあそこに行くんだというのがないとだめで、それは重要なことだし、原動力にもなります。

ちなみに、経済学においても、「不確実性下での合理的選択の理論」というのがあって、仮置きの目標を決めて一歩を踏み出すことの重要性は指摘されています。

「他にいくらでも道はある」と考えながら走ればいい

ところが、「仮」のゴールを設定することも難しい現状が、今の日本にはあるように思います。やり直しが利かない現状が、この国にはあります。非常に狭い道をみんなが走らされていて、そこから滑り落ちた人たちは、無力感にまみれ、行くところがなくなってしまう。そうすると、そんな中で走っていけるのかと不安になる、走るのをやめてしまう若者が出てくるのは当然でしょう。苦しい坂を上って行って落ちていく人が多いのを見れば、そんな坂を上るのはやめようと思うことも、当然あるという気がします。

おそらく、みんなそれぞれが、これしかないと思ってすごく細い道を走っているのだと思います。それを踏み外せとはいわないですけど、そこで、ここを走らなくたって他にいくらでも道はあるんだというふうに考えながら走るということが、まずとても重要なことだと思うのです。それだけで気分がずいぶん変わってくるのではないでしょうか。

じっさい、本当に踏み外すというのはなかなか勇気がいることですし、またそれがいいとは限らないのですが、踏み外してもいいし、他の道もいくらでもあるんだ、というふうに思うか思わないかというのは大きな違いだという気がするんですね。

それから、今までも海外の多様性についていろいろと述べてきましたが、実は日本国内にだってやり直しの道はいっぱいあるんだと思うのです。ただ、それはスタンダードな道ではありませんから、光が当たりませんし、あまりみんなに知られていないことです。でも、意外にルートはいくつもあるのです。あとからだっていくらでもやり直せると思いますし、一本の線で走っていると、どこかで人から遅れてしまったという感覚をどうしても持つわけですけれども、そこから逆転するような道だとか、あるいはぜんぜん違うルートでゴールに至る道というのがたぶんあるのです。それがたとえば独学であったりするのかもしれませんけど、あきらめないでいろいろやっていくと道が拓けることがある。

私自身は、外れた道の上で、それなりに努力はしてきたんだと思います。何にも努力せずにきたというつもりはありません。でも、自分は経験していないのでわかりませんが、普通の人がたとえば、大学入試とか、就職活動などでしている努力や苦労や苦しさよりは、私はおそらくずいぶん楽をしてきたんだと思います。それは、多分に先ほどの精神的な部分も含めて、道を走らされている気分が少なかったことが大きいと思います。

5章 大学院を使った学び直しのススメ

慶應の通信教育で経済学を学ぶ

この章では、慶應の通信教育の大学に入って勉強し始めてから、どうして研究者の道をめざすようになったのかというあたりについて、述べようと思います。3～4章に続く、私の個人的な体験にもとづいたキャリア論です。

また同時にこの章では、大学院というものがどういう教育機関なのか、その一端をお伝えしたいと思います。セカンドキャリアを考えるにあたり、社会人が大学院で学ぶケースが増えていますし、定年後に修士課程や博士課程で学ぼうという気運も高まっているようです。

そのような皆さんにとって、参考になれば幸いです。

私は当初、公認会計士になろうと考えており、大学もそのために――というとちょっと言いすぎですが――慶應大学の通信教育課程で勉強することになりました。通信教育課程には経済学部がありましたので、経済学関連の勉強を始めました。公認会計士の試験では、今は選択科目になったと思いますが、当時は経済学が必修科目だったので、経済の勉強をし始めたわけです。そして、勉強しているうちにだんだん経済学が面白くなってきまして、これをきちんと勉強したいと思いだしたのです。それで研究者への道を考えるようになります。

ただ、実際のところを言えば、いきなり経済学が面白くなったわけではなく、実は最初に勉強したときにはまったくわかりませんでした。むしろ非常に苦手な科目だという意識があって、こんなものを勉強して試験は通るんだろうか、と思ったというのが、経済学との最初の出会いです。

経済学の勉強をするにあたり、最初に読んだ本は、公認会計士の試験勉強をしなければということで、日本に帰ったときに買った参考書の中の一冊でした。公認会計士の受験ガイドの中にお薦めの参考書やテキストが挙がっていて、その中から選んだ本でした。それを持って帰って、シンガポールで読み始めたところ、まったくちんぷんかんぷんで、最初の１ページ目からさっぱりわからない。前章で書きましたが、いちおう私の独学のポリシーとしては、あまりわからなくてもいいから、読み進んでみて、ふたたび見直すというのが常でしたから、がんばって読み進めてみたのですが、まったく理解が深まらない。最後まで読んでも、何が言いたかったのかほとんどわからないという状態です。それが私と経済学との最初の出会いで、これは困ったというのが実状でした。興味を持つどころか、正反対の体験でした。

それで困って何をしたかというと、この本をこのまま読んでいても多分埒《らち》があかないと思い、別のテキストを探しに行きました。とはいっても、当時はネットで日本語の本を注文するということもできませんでしたし、シンガポールに日本の書店もありましたが、経済学のテキストなど置いていませんでした。

仕方がないからまずは英語の本を買いに行くことにしました。その後、日本にスクーリングで帰る機会があったときに、日本語の本も探しましたが、最初に探し求めたのは英語の本だったのです。一応いくつかの情報は得ていて、英語のテキストでも、お薦めのテキストが書いてあったのを何かで見ていました。書店に行ったらたまたまその中の本が2冊あって、それを買って帰って来たというのが挽回策《ばんかいさく》の第一弾です。

ですが英語ですし、一応海外にはいましたけれど、テキストでいきなり勉強するというのは初めての経験だったので、不安いっぱいで読み始めました。ところが、これが予想に反してわかりがよかったんです。英語で書かれた経済学のテキストは、数式はけっこう出てくるけれども、英語の文章は比較的平易なものでした。実はそのとき選んだテキストは名著で、今から考えると、結果的にとても良い本を選んでいたんです。

それに対して、最初に読んでわからなかった本は、あまり初学者向けではありませんでした。でも、当時はそんなことは知る由《よし》もないので、たまたま不適切なものを選んでしまった。ところが英語のテキストのほうはたまたま良い本だったというわけです。ちなみにその本は、R・ドーンブッシュとS・フィッシャー著の『マクロエコノミクス（*Macroeconomics*）』（マグロウヒル社。日本語訳は『マクロ経済学』シーエーピー出版）です。

自分に合った本を探すことが大事

このドーンブッシュとフィッシャーの『マクロエコノミクス』を読んでみて、それで少しうれしくなるわけです。うれしくなるというのは、さっぱりわからなかった経済学が少しわかるようになったということと、英語の本だったのに、なんとかわかるじゃないかというのも多少あって、ちょっと楽しくなってくるんです。

その後、先ほど申し上げたように日本へ一時帰国する機会があったので、もう少しいろいろ手に取ってみて、自分にとってわかりやすそうな本やテキストを何冊か買いこんで帰ってくることができました。そうすると、やはりテキストの選び方とか、勉強する本の選び方というのはすごく重要で、本によって、ずいぶんわかり方が違うのです。

これは一般論として言えることだと思うんですが、独学している以上、自分に合った本をどんどん探すべきだと思います。いろいろ試してみることです。当時をふり返っての私の教訓は、人からいくら薦められても、誰がいい本だと言っても、それが自分に合うとは限らないということです。だから、それぞれの人に合ったテキストを探すことが大事なんです。

どの本が一番自分に合ってわかりやすいかというのは、残念ながら勉強したての頃はよくわかりません。ですから、多少お金もかかりますし、ロスもあるのですが、あまり一冊の本に固執せずに自分に合ったものをどんどん探すことです。それがけっこう大事だなというのを、この時あらためて実感しました。

最初に大きくつまずいたことで、逆にむしろうれしさが戻ってきたこともあり、その後は比較的よくわかったものですから、ちょっと面白くなりました。それから、漠然とですが、経済学の魅力のようなものも感じはじめました。当時、景気が悪いとか、経済をどうするかということがいろいろ世の中で言われていました。また、シンガポールの経済発展をどう考えたらいいか、ブラジルの経済を良くするにはどうしたらいいのか、ということをなんとなく考えたりもしていました。けれども世の中はとても複雑だから、そんなに簡単に分析していけるものではないとも思っていたんです。ところが、このテキストを読むと（とても簡単な数式で）、きれいに世の中を切ってくれるという感覚があり、私にとってはそれが気持ち良かった。世の中がわかったような気がしたんです。それがもうひとつの面白くなってきたきっかけなんじゃないかなと思います。

そんなことがありまして、少しずつ経済学に軸足が移るようになっていきました。経済学の勉強で一生食べていけないだろうか、ということをなんとなく考え出すんです。でも、ばさっと決断したというわけではなくて、なんとなく少しずつそんなことを考えるようになりました。ただ、それはたかだか受験勉強でのレベルでしたから、自分が経済学に関してどのくらい能力があるかとか、学者としてやっていけるかどうかということは、まったく未知数でした。そういう意味では、かなり関心を持ちつつも、本当にやっていけるかどうかは、まったくわからないという感じでした。

その点は、両親も同じような意見を持っていました。世間一般の知識として、学者というのはなかなか食べていけない商売だし、大学院は出たけれど就職先がないということもよくあるらしい、と。その程度のラフな情報しか両親も持っていなかったですから、そんなところに足を突っ込んで、しかも、そもそもまっとうな道を歩んでないのに、どうするのだと。会計士という資格を取れば、それなりになんとか職を確保できるのに、という感触だったと思います。

論文を書くということ

その頃、慶應大学経済学部の教授をされていた大山道広《おおやまみちひろ》先生に出会います。慶應の通信教育は少し変わっていて、ユニークなのは、卒業論文が必修になっていることです。前に述べたスクーリングでの受講と、試験を受けること、それから卒論、これらが必修でした。卒論には指導教官がマンツーマンで付きます。その先生がきちんと論文を評価してくれて、合格しないと卒業できない。ですから実は、論文指導の部分では通学課程以上に密接な指導を受けられる仕組みになっていたんです。それが、私にとっては幸いなことでした。

指導教官を選び、申し込んで向こうがＯＫしてくれると、その人が指導してくれることになります。私の場合は、大山道広先生の授業をスクーリングで聞いていたこともあり、また先生が書いた国際貿易の教科書を勉強していたこともあり（伊《い》藤《とう》元《もと》重《しげ》・大山道広共著『国際貿易［モダン・エコノミックス14］』岩波書店、一九八五年）、大山先生のところへ指導を申し込みに行きました。そういう仕組みがあったかどうか忘れましたが、質問をこちらからしに行き、ぜひ指導してもらいたいとお願いして、少し話を聞いてもらったのです。そのときは一生懸命話をしました。また、シンガポールに帰ってから、練習問題を解いて送ったりした記憶があります。何かアピールをしようと考えたのだと思います。そうしたら、大山先生のほうから引き受けますという返事がきて、ありがたく指導してもらえることになりました。

ただし、指導をしてもらえるだけのことですから、論文を書くにあたっては、当然自分で考えなくてはならないわけです。国際貿易の論文について、いろいろと考えることになり、それを通して、論文の執筆が、だんだんと面白くなってきました。でも、論文なんて書いたことはないので、どうしていいかよくわかりません。そこで、まずスクーリングで帰国した際に、慶應義塾大学の図書館に行きました。大学の図書館は充実していまして、学術論文もかなり揃っていました。それから先輩たちが書いた修士論文や博士論文もあった。

そこで、とにかく、いろいろ関心のある論文や本をいっぱいコピーしました。当時はインターネットでダウンロードができる時代ではありませんので、図書館で山ほどコピーをして、資料の山を両手いっぱいの紙袋に提げて飛行機に乗って帰った記憶があります。あまりに荷物が多かったので、キャビンアテンダントが足元に置けなくなった荷物は後ろの別スペースに置いてくれと言うのですけど、大事なものなので後ろに置いてなくなったら困るので嫌だ、とごねた記憶があります。そんなコピーなんて誰も盗《と》る人はいなかったんですけれども。

日本には、そうたびたびは帰れないし、飛行機代もばかにならないので、必死の想いでした。とりあえずこれで一度コピーして帰ったら、この手持ちの資料だけで何とかするしかない、という意識があったものですから、ちょっと危機感がありました。論文の構想がある程度固まっている段階なら、少しの資料を見ればすみますが、何も固まっていない段階で、この手持ちでやらなければならない、次に何か追加で集められるのは、早くて半年後、遅いと1年後だから、というあせりもあって、結構必死にコピーをして帰った記憶があります。

そのように、少し苦労してアイデアを練って、論文のネタをある程度まとめて、次の指導のときに先生のところへ持って行きました。幸いなことに、その論文はとても評価していただけて、そのあたりから、ちょっと自分なりに自信をつけることができました。半分夢物語だった、大学院に行って学者になるという道が現実味を帯びてきました。それまで会計士向けだった勉強のスタンスが、大学院へ行って学者としてやっていくには、どうしたらいいかという方向に変わっていきました。

東大大学院受験を考える

慶應の大学院に行くには、若干問題がありました。外国語の試験が（当時は）２科目あったのです。通信教育での試験は英語だけでよかったので、第２外国語というのを私はやっていなかったのです。ポルトガル語は多少はしゃべれましたけど、第２外国語の選択の中にはありません。だから、ドイツ語かフランス語を勉強しなければいけない。ただでさえ経済学の勉強をしなければいけないのに、これはけっこうきついだろうと思いました。一方、東大大学院の受験は英語だけだったのです。それで東大を受けようかなと考えました。

でも、東京大学のことは何も知りませんから、たまたま知り合いに東大の大学院生がいたので、その人に、どんなものだろうか、そもそも東大生じゃない人間が受けて受かるものなのか？　と相談をしました。当時は東大以外の大学から東大大学院に入るケースは、例がないわけではなかったのですが、あまり多くありませんでした。そのため、各大学で教えていることには傾向があるから、その傾向を理解しないと、東大大学院の試験を受けるのはなかなか難しいんじゃないかというアドバイスをもらいました。

　そして、東大の授業にちょっと出てみてはどうかと薦められました。先に触れた大山先生の教科書『国際貿易』は、東京大学の伊藤元重先生との共著でした。ちょっとレベルの高いこの本の中には、いくつか自分が関心を持った章があって、卒業論文もそこで紹介されていた論文がベースになっています。そこでこの伊藤先生の授業に友人と一緒に出てみたのです。

　東大生でないにもかかわらず、図に乗って質問までしました。国際貿易を勉強していたので、今から思うと難しい英語の本を読んでいまして、そこでわからないところを尋ねたのです。伊藤先生が書いた本ではなくて、授業に関連した内容の本でした。その英語の本――それも『国際貿易』の中で紹介されていた本だったのですけど――を持って授業が終わったあとに教壇に行き、質問をしました。すると先生は丁寧に答えてくださいました。そのときは、当然身分を明かしていないのですが、どうやら私に関心を持っていただけたんです。今から思うと、英語の本を持ってきて質問する学生は、そんなにいなかったからかもしれません（もちろん、当時の私にはそんなこともわかりませんでしたが）。

　伊藤先生には関心を持っていただき、どこのゼミの学生なのかと聞かれました。それで困ってしまい、一瞬、悩んだんですけど、嘘をついてもしょうがないと思い、実は、東大の学生ではなく、人に薦められて授業を受けたと正直に答えたんです。そうしたら伊藤先生が、それだったら私のゼミに出てみないか、というふうに誘ってくださいました。

　こんな言い方は失礼なのですが、今から考えても伊藤先生はすごいなあと思います。どこの馬の骨ともわからない学生に、たった一回の質問でそんなことを言ってくれるのですから。通信教育課程の試験を受けるために来ていたときに、伊藤先生にそう言われたので、すぐに帰るはずだったのですが、急遽《きゅうきょ》、滞在を延長しました。正確に言うと、言われてすぐ延長を決めたわけではなく、自分がついて行けるんだろうかという不安があったので、まずはゼミに出てみたんです。出てみて何とかやれるという感触があったので、そのまま継続して参加をしました。

　そのときに、たしか正月明けくらいまでいて、その後、いったんシンガポールに帰り、その後4年生の4月に、正式に日本に引っ越して来ることになりました。それが、研究者をめざそうと本格的に決断した時でした。

　やはり慶應義塾大学に在籍していた間に、大山先生と伊藤先生に出会ったことは、非常にインパクトが大きく、今から思うと、とても運が良かったとしか言いようがありません。2人の先生がある意味でとてもフランクでオープンに接してくださって、どんな経歴かとか、どういうポジションかということとは無関係に評価して、熱心に指導してくださったことが大きかったと思います。

独学で挑んだ大学院試験

そうしてシンガポールを引き払って、東京で暮らすことになりました。大学4年の前半の半年間は、大学院の受験勉強に当てました。9月に試験がありまして、論文審査などもあって、たしか合格発表が12月くらいだったと思います。当時の大学院の入試は、筆記試験と論文提出でした。論文はたいてい、卒論と同じものを出すというパターンです。ただ、卒論は12月か1月くらいまでに出せばいいのですが、9月なので、ちょっと前倒しになるというかたちですね。今でも覚えていますが、当時はワープロもまだ普及しておらず、手書きで苦労をして清書しました。

大学院のための受験勉強も独学でした。それまでも完全に独学でしたから、このときも大部分は、本を自分で読んで勉強するというスタイルでした。経済学のいくつかの科目だけを勉強するという感じだったと思います。ブラジル時代以降、自分なりに独学をして身につけたやり方が、そのときあらためて役に立ちました。どうやってテキストを読んでいったらいいか、といった今までのトライアル&エラーを踏まえて、自分としてはあまり苦もなくやっていけるという感触はつかんでいました。

試験の感触は、楽勝だったかというと、そんなことはなく、かなり不安はありました。経済学というものを、ある程度自分で理解できている自信はあったのですが、試験となると別問題で、慶應通信課程の期末試験を受ける程度の経験しかありませんでした。だから入試の勉強を真剣にやったのは、この時ぐらいなんです。高校入試はいちおう受けているんですけど、ぜんぜん行く気はなかったし、大学入試もまったく受けておらず、もちろん小学入試も中学入試も受けていません。受験勉強らしい勉強はこの時が初めてでした。受験をして受かるという自信が持てなくて、不安感はずっとあり、そうとう緊張して受けた思い出がありま す。

あと、これで受からなかったらあきらめよう、とも思っていました。両親も、はっきりとは言いませんでしたが、果たして学者としてやっていけるかどうか、よくわからない。だからここで受かれば行ってもいいけれど、受からなかったらあきらめろというような雰囲気はありました。そういう意味では、けっこう背水の陣に近い雰囲気はあったので、緊張感の中、楽勝ムードはまったくなく、精一杯やったという思いがあります。

その当時の試験科目は、まず英語で、長文和訳です。全訳の場合もあるし、要約の場合もあります。それが2題。あとは経済学でした。何問かあるうちの選択で、論述や計算問題の場合もあります。2題か3題を選択して書くというものでした。どんな問題が出てくるかによって書くべき内容はずいぶん違うので、リスクはありました。経済学といってもいろいろと幅がありますが、基本のミクロとマクロに関する問題と、応用科目、たとえば国際貿易とか金融などがいくつかあり、基本科目と応用科目の選択というような構成だったと思います。

そして無事に合格し、東大の大学院に行くことになり、指導教官は伊藤元重先生ということになりました。先に述べたゼミには、幸いなことに今でもOB名簿に名前が載っていて、ゼミ員として扱っていただいています。

大学院でも独学

そして、大学院生活が翌年から始まりました。

今では大学院もきちっと授業をやるようになっているので、学部の授業に近くなっていますが、当時の大学院はそんなにたくさんの講義はなく、どちらかというと、学生は自分で勝手に勉強して論文を書いてください、というような雰囲気がまだ残っていました。私より前の世代では、もっとそういう傾向が強く、基本はそれぞれ自分で知識を身につけていかなければいけないという状況だったようです。

授業で教えられることは最低限、最低ラインのものであって、それをマスターできたから学者として一人前になれるというものではまったくないんですね。だから自分でどんどん勉強していかなくてはいけない。その意味では、独学の延長線であって、自分が自分なりのペースで、自分が勉強したいことをコツコツとやっていくことが必要です。その点は、独学でやってきたことと同じやり方でできたので、自分としては非常にやりやすかったです。

それから、周りは同じような勉強の目的を持っている人の集まりでしたから、勉強会や研究会を、グループを作ってやることが、大学院では当たり前のように行われていました。私も、そういうものに参加して、勉強仲間、研究仲間ができました。その点は、本当の独学とは、ちょっと違ってきた側面だったと思います。

当時の東大大学院経済学研究科は、第2種博士課程という制度になっていて5年一貫でした。通常は修士が2年間で、その修士を終えたあとに、最低3年の博士課程があるのですが、当時はその修士、博士が一続きだったわけです。一応2年で修士論文を書き、修士号を取ってやめる選択肢もなくはなかったのですが、基本は5年以上いて、博士課程まで修めてください、という制度でした。

今は修士だけ出て、どこか普通の企業に就職する人も多いですし、ある程度修士までやってみて、自分に適性があるかどうか見極めてみるということができますが、当時は違っていました。博士課程まで進むと、なかなか一般企業への就職は難しくなります。そのため、今のように修士があってその上に博士があってと段階がはっきり分かれているのに比べると、覚悟が必要と言いますか、入ってしまったら学者になるしかないという大学院だったんです。もう一般社会には戻れない、そんな雰囲気がありました。入学した直後に先輩から、「君も大変なところに来てしまったね、もう『娑婆《しゃば》』には戻れないよ」というふうに言われたのを今でも覚えています。もっとも、私からすると、ずっと独学でもともと「娑婆」にいたという感じはありませんでしたから、あまり変わりませんでしたけれども。ただ、東大生であれば就職活動をすれば優良企業に就職できる可能性は高かったわけですから、それを捨てて、大学院に行くというのはけっこう覚悟が必要だったのでしょう。

大学院に来る人びと

その当時私がいた東大の大学院に来る人びとには、バラエティーに富んだ人が多かったのです（その中でも、私は毛色の変わっていたほうだと思いますが）。私が現在指導をしている学生でも、一度普通の企業に就職したけれども、何年か勤めて、辞めて、大学院に入り直して勉強している人もいます。それから大学院に入ってみてわかったことですが、普通の人がイメージしているよりは、いろんなルートを通ってきた人がけっこういるということです。

今、有名な大学教授でも、ストレートに学者になった人のほうが、実は少なかったりします。一般企業に就職して、辞めてしまって、それで大学院に入り直して、学者になって成功して、有名教授になった人もたくさんいます。短期間で会社を辞めてしまって、学者になったケースは、案外多いんです。辞めた理由はさまざまで、純粋に学問を究《きわ》めたくなったからというパターンはあまりないようです。面白くなかったとか、ケンカしてしまったとか、本当のところはどうかわかりませんが、そういう話を聞くことも実は多いのです。

もし、そういう人がそのまま会社に勤めていたら、どれほどうまくいっていたのかは当然わからないわけですが、学者としての成功ほどではないケースもきっとあるように思います。そういう意味では、方向転換はなかなか重要で、ある意味で大学院はそういった方向転換をして戻ってくる場としては、転職などよりも柔軟性があると思います。バックグラウンドが問われたりすることはありませんし、どんな就職経験があろうと関係ありません。いい論文さえ書ければ、十分評価されます。そこがとてもフェアだというのが、大学院や学界の特徴でもあります。

本は「ケンカ」しながら読む

私の話に戻りますが、大学院時代の5年間は、大変だったと言えば大変だったと思います。それなりに成果を出さないと、つまり学者として認められる論文を書けないと一人前になれないわけで、就職先としての大学のポストも得られない。東大の大学院を出たって食べていける保証はなにもないわけです。学歴・経歴的には東大の大学院に入ったというのは、世間的に見れば、それなりにまっとうなポジションに就いたことにはなるのだけど、そこで何の保証があるわけでもない。でも、全体的にはかなり楽観的に生活をしていたのではないでしょうか。心のどこかでは、ここまで来られたのだから、まあ何とかなるだろうと思って研究していた気がします。

一人前として認められる論文とは、どのようなものかというと（これは経済学に限らずだと思いますけれど）、基本的にはどれだけ独創性があるか、オリジナリティがあるかということです。今までの人たちとどれだけ違うとらえ方ができるか、新しいことをどれだけ言えるかが重要になります。それは、受験勉強が上手くできるというのとはちょっと違う能力を要求されます。理解力がいくら高くても、新しいことや面白いアイデアが出てこないと、学者としては評価されません。

私の場合、経歴が変わっていたので、発想の仕方とか、物の見方が普通の東大生とは多少違っていたというのはあったかもしれません。それから（あとから理屈づけをしている感じもしますけれど）、本やテキストを読んだときに疑ってかかるくせが（自分で勉強してきただけに）ある程度ついており、それは学者にとっては非常に大事な性質なので、今から考えると、身についていたのは幸いだったと思います。何でもなるほどと思って納得してしまうと、論文は書けないのです。人が言ったことを全部疑ってかかる、テキストを読んでも、本当にそうかと考え直す。そこからアイデアが生まれる。なので、そういう傾向は自然とあったのではないかと思います。

こうした読書法を私は「ケンカ」と表現しています。つまり、本の内容が「本当に正しいのか」「違う考え方もあるのではないか」と突っ込みながら読むということです。何の疑いもなく読むだけでは、ほとんど何も残りません。

こうしてケンカをすると、本当にその本の中身が理解できるのです。とくに独自の見解が展開されている専門書は、ケンカにこそ醍醐味《だいごみ》があります。権威ある教授の話を鵜呑《うの》みにせず、自分で理論を組み立てていくこと、いかに人と違う理屈を語れるかということ――。それを意識しているかどうかで、読書の姿勢は変わってきます。

プリンストン大学で1年間学ぶ

大学院に進学して4年目の夏に、プリンストン大学へ1年だけ留学をしました。その経緯を少しお話ししましょう。それより少し前に、日本銀行にプリンストン大学のグロスマン教授が客員研究員として滞在していました。そして、その当時たまたま私も、伊藤元重先生のアシスタントとして日本銀行にアルバイトに行っていたので、グロスマン教授とお会いする機会がありました。そのとき、私が関心を持っていた国際貿易の分野でグロスマン先生は非常に優れた研究をしていましたので、これはいいチャンスだと思って、一生懸命お話をしました。

彼がその当時やっていた研究内容を聞き、自分の論文の説明をしたところ、論文に対してコメントをくれたりしました。そしてとても幸いなことに、グロスマン先生が、プリンストン大学に留学しないかと誘ってくれました。

普通に留学をするとなると、プリンストン大学の博士課程に入り直すというのが通常で、それがスタンダードなルートです。けれども、そのためにはもう一回、コースワークと呼ばれる基本科目の試験をプリンストン大学で受けなければなりません。基本科目は東大の大学院ですでに受けていましたから、私にはもう一回それを受け直すことが大きな回り道であるような気がしたのです。

このあたり、まっとうな道を歩いてこなかったくせが出たのかもしれません。どうも、皆がスタンダードに通るルートでも、吟味して選択しないと気がすまなくて、そのときの私は、博士課程に入り直す気がなかったのです。その選択が結果的によかったのかどうかはよくかりませんが、結局、やや変則的だったのですが、希望を通して1年間だけプリンストン大学に行かせてもらうことになりました。なぜ1年だったかというと、1年だけだと制度的に、日本で休学をせずにすんだからです。その結果、ちょうど5年間東大大学院に在学して慶應大学に就職することになります。

1年間だけだったのですが、プリンストン大学ではいろいろ学ぶことが多く、さまざまな刺激も受けました。プリンストン大学は、アメリカ東部にあるキャンパスがとてもきれいな大学です。ニューヨークから車で2時間弱の距離なのですが、マンハッタンの喧騒《けんそう》とは別世界でした。その当時のニューヨークは、アメリカ経済の低迷もあって治安がかなり悪かったのを覚えています。その後アメリカ経済の復活とともに、治安も改善していきましたから、やはり経済は社会にとって重要な要素だと実感しました。

グロスマン先生には、公私ともにずいぶんお世話になりました。単にお世話になっただけではなく、研究者としての真摯《しんし》な姿勢から、とても学ぶものが多かったです。また、すでに有名になった学者や研究者が、とても熱心に議論や討論をしている姿も印象的でした。そのときのプリンストン大学には、たとえばFRB（アメリカ連邦準備理事会）の議長として世界経済の舵取《かじと》りに苦心したバーナンキ教授などもいました。そんな中で、論文もずいぶん書くことができ、グロスマン先生とも共著の論文を書くことができました。

学び直しのための大学院

学問の内容もさることながら、アメリカの大学院の雰囲気というか、自由な場所としての大学というのは、非常に興味深いものでした。また同時に、アメリカの大学院というのはとても自由にいろんな人が集まってくる場所なのだということを知りました。もちろん、ひとつは国籍が多様であるということがあります。世界中からさまざまな国籍を持った人が集まってきていました。

新鮮だったのは、たとえば子育てが一段落した女性が大学院に入り直して勉強していたことです。単に知識を身につけるためだけではなく、もう一回学位を取って、自分はこういう仕事をしたいのだ、ということを熱心に語るんです。それは新鮮で、私から見ると驚きで、そういうルートがあるんだなとあらためて感心しました。あるいは、会社を辞めて入ってきた人もいっぱいいて、自分は学位を取ったあと、あらためて国際機関で働きたいんだというようなことを言う。そのためにここで勉強をしている、という人がけっこういるんです。そういう意味では、方向転換をする場所に大学院が使われているということを、強く感じました。

この点は、今の日本ではちょっと欠けていることなんじゃないかと思います。大学院自体は別にそういうことを妨げているわけではないので、もっとみんなが、大学や大学院を人生の方向転換の場に活用できれば、選択肢が広がってくるのではと思います。

何かうまくいかなくなった時などに、自分はもっと違うやり方をしたい、あるいは、もっと違う仕事をしたいと思うことは、世の中にはたくさんあると思うんです。実際私も、当初は会計士をめざしていたのが、途中で学者になるという方向転換をしたわけですから。ただ、方向転換したり、仕事を変えたりすることは、そんなに容易なことではありません。新しく就きたい仕事でうまくやっていくためには、それなりの知識や能力開発が必要です。そのために、大学院に入り直して、きちっと勉強することは有効な手段だと思います。たとえば国際機関で働くための知識を身につけるとか、新たに会社を興《おこ》すための会計の知識を身につけるとかには大いに有効です。

だとすると、大学、大学院というのは、けっこう使える場所であり、それを活用することで、もっと人びとの選択肢が広がってくるのではないか、そんなことを強く思います。

先ほどの、子育てが一段落した女性の再挑戦などが典型的ですけれど、ひとつ終わってしまったらもうあきらめてしまったり、なかなかうまくいかないときに自分はこんなもんかなと思ってしまわずに、もう一回別のコースでがんばってみる、というのはとても素敵な考え方だと思います。

日本の大学ではそういう方向転換の位置づけはあまりないと思います。そもそも転職したり、大きく仕事を変えるというときに、大学でキャリアを積んでからまた動いていくという発想自体が今はあまりありません。

それはちょっと不幸なことで、受験勉強もそうですけど、道が一本だと思い過ぎているフシがある気がします。この道を踏み外してしまうと他にはもう道がないというような感覚をどうしても持ちがちだと思います。かつての日本はたしかにそうだったのかもしれません。大学を卒業して会社に就職したら、終身雇用でずっとそこにいる。そこを辞めてしまうと他になかなか選択肢がないというような時代だったと思います。けれど、今は変わってきている。本当はもっといろんなことを選べるんだと思うんです。そのことになかなか気づいていない。

社会人向けの大学教育とか、大学の講座がだいぶ増えていることは増えています。けれども、先ほどのような次のステップのために使われているというのではなくて、教養を身につけるための、カルチャーセンターのようになっている。もちろん、教養を身につけることの意義や重要性を否定する気はまったくないのですが、それ以外のもっと積極的に知識やスキルを身につける人がもっといてもいいのではと思います。

能力にはいろんなタイプがある

とくに研究者になってから感じることですけれども、研究者というのは、基本的にいい論文を書くことが仕事です。その仕事には、実は理解のスピードはあまり関係がない。何年かかってもいい論文が書ければ、それでいいんです。いろんな人を見ていると、最初に理解をするのに時間がかかるけれども、ちゃんと深く理解ができるタイプの人や、聞いたことはすぐに理解できるけれども、それがなかなか深まらないタイプの人等、いろんなタイプの人がいることがわかります。どのタイプが優れているとか劣っているとかではなくて、それぞれ自分のタイプに合った勉強の仕方や知識の深め方をしていきながら、がんばっているというのが実情です。研究者の勉強のスタイルというのは、それでいいんです。10年も20年も論文を書かなければだめですけども、自分のペースでやればいいということになっています。

そういう実情を見ていると、やはり受験勉強や受験の仕組みというのは、すごく特殊だなという気がします。時間の制約を課して、問題を小さく区切って成果を出させる。たとえば120分なら120分以内にその問題が解けなければ0点＝ダメな人となってしまう。これは本当はきわめて不思議なことです。120分ではその問題を解けないけれども、倍の時間かければ完璧に解けるという人も世の中にはいます。だけど120分で解けなければ0点ということになって、120分で半分解ける人よりも悪い評価になってしまう。

受験は、ある種の篩《ふる》い分《わ》けなので、そのように時間を区切らなければいけないというのは、試験をする側からすると、やむを得ない理屈なんでしょうけど、そのような試験では、やはり本当の能力を100パーセント判断できないということです。それから、その試験にあった能力、試験向きの能力を持っている人はとても評価されて、試験向きではない能力を持っている人は評価されない。

でも、試験向きではない能力は、役に立たないのかというと、それは大間違いです。学者の世界では、試験向きの能力は全然ないけれども、すごくいい論文を書ける人、いい業績を上げられる学者というのも、実はいっぱいいるんです。今の日本では、そういう能力を見過ごしがちだし、なにより悲しいのは、日本の受験の仕組みの中で発揮できる能力がないと、本人が自分には能力自体がないと思いこんでしまうことです。これはすごくもったいない。

たとえば、近年東大の大学院には東大以外の大学から入ってくる人もずいぶんと増えています。私のようなパターンです。そうすると、大学入試では東大に入れなかったけれども、大学院から東大に来て、そして学者として成功している人もいっぱいいるわけです。そういう人は、たとえば（すべてがそうではないですけれども）受験勉強は不得意だったりする。でも、論文を書いたり経済学を理解する能力は抜群にあって、すごくいい論文を書けたりするんです。そういう人がもし大学院に行くルートがなくて、普通に大学受験をして、会社に就職するだけだと、もしかするとそういう能力がぜんぜん見つからなかったかもしれないんですね。そういうことは世の中にいっぱいあるんです。大学受験というのは、実はある意味でものすごく特殊な能力だけを見ているのだと思います。

アメリカでの留学経験もそうですし、ブラジルでの経験もそうですし、世界でいろいろなものを見てきますと、実はさまざまな違った能力を持った人が、違ったかたちでそれぞれに評価をされ能力を発揮していることがよくわかります。そういう機会というのは、世界中を探すと至るところにあって、理解のスピードが遅くても、時間をかけていい仕事ができるのであれば、それをとても評価してくれるところもあるし、逆に速さ勝負という場合もあるというように、評価基準は実にさまざまなものがあります。また仕事内容によっても、必要とされる能力はかなり変わってくると思います。

たとえば緊急の対策を要している人に対してアドバイスするような職業だとすると、すぐにアドバイスができなければならない。しばらく考えて1年後に何かいい改善策を出せるみたいなことでは、お話にならない。そういう職業なら、迅速な反応ができるかどうかという、頭の回転の速さが大事になります。でも、学者が論文を書く作業だったり、何か研究レポートを書く作業だったり、あるいは学問的なことでなくても、たとえば作家であれば、寡作《かさく》でもいい作品が書ければいいというタイプの仕事はいくらでもあるわけです。そういう人は、たとえば迅速な反応や判断が得意ではなくても、それでいいんです。それで本当にいい仕事ができれば世界中が評価するわけです。世界にはそういう評価軸が日本で考えている以上に、意外にたくさんある。

自分があきらめてしまうと、別ルートを探すことすらできなくなってしまいます。あきらめずに自分に合ったスタイルの学問であったり、仕事なりを見つける努力はそれなりにしないといけない。実は、生きていくうえで一番重要なことは、たぶんそういう努力ではないかと思うのです。自分に合ったものを、いかに自分でうまく見つけていくかが重要なのです。

経済学の問題意識

そういう意味では、私は、（これがベストだったかどうかわからないですけれど）自分のスタイルに合っていたので、独学を経験できたのかもしれません。また、そういう中で自分が経済学を選んだのは、経済学の学問性が合っていたのかもしれません。

3章でも触れましたが、ブラジルだとかシンガポールだとか、いろんな国に滞在してみて、その国の経済の仕組みが、人びとの豊かさや生活のあり方に影響を与えてしまうなと強く感じています。いい経済システムだとそれなりにうまくいくわけですし、運営の仕方が悪いと人びとが困る。それから、ブラジルのように貧富の差がものすごく大きい国もあれば、日本のように比較的貧富の差がない国もある。これは個々人の努力の違いに因《よ》る部分もなくはないけれども、やはりそれだけではなく、社会のあり方や仕組みがとても重要なんだと、小さい頃からいろんな国を回ってきた中で、何か漠然と感じていました。ふり返って、今だから、こうやって経済学的に整理をして言えるわけですが、非常に感覚的なものではあるけれど、漠然とした問題意識ではあったんです。

でも、ずっとそういうもやもやとした感覚を抱えて生きてきて、ある日、経済学に出会い、そのときに、そのもやもやとした社会に対する問題意識がうまく整理されてくる感覚を味わったんです。それは私にとっては、とても幸せな出来事でした。頭の中をうまく整理できて、自分の問題意識が整理できて、そして経済学の言葉で語れるようになる。そのことが重要で、そこが私自身にとっての経済学の魅力だったんだと思います。

あとはそれが、ある種の政策提言だとか、世の中を変える提言に結びついていくという実用性があるというところが、2番目の魅力です。単に自分自身の中でうまく整理ができて満足するだけではなくて、ある程度の社会貢献につなげることができるんじゃないかと思ったことが、やはり経済学を選んだ理由のひとつだろうと思います。

私だけでなく、一般の人にとっての経済学の面白さというのも、やはりそのように社会現象をうまく整理できて、それに対してきちっとした提言ができる、というところだろうと思います。私が感じたのと似たような、理不尽な思いや不公平感を、皆さんも感じていると思うんです。世の中の動きをきちっと理解して、きちっとした提言を行っていくという意味では、経済学はすばらしい学問です。

日本に活力や希望はあるか？

日本は今、これだけ経済大国になり、治安も世界的にみればとてもよく、世界各国の物資が自由に手に入るという意味でも、かなり優れた国だと言えます。ただ、この状態がいつまでも続くという保証はまったくありません。残念ながら、ほうっておいても経済がうまくいき、皆が豊かでいられるというわけではないのです。

本書を書いている２０２２〜２３年現在、コロナ禍とロシアのウクライナ侵攻という世界史的な危機が同時に発生しています。エネルギー問題をはじめとして、世界経済そして日本経済はさまざまな課題に直面しています。

この章のこれ以降の提言は、２００９年の著作の文章を、あえてほぼそのまま掲載しています。15年も前に書いたもので、その後の時代変化や政策の進展を踏まえていない点が、多少あるものの、大筋では今でも必要な提言内容だと思うからです。

言い換えると、15年経っても、根本的な課題はいまだに解決していないと言えるのかもしれず、このあたりが日本経済が失われたウン十年と言われ続けている、ひとつの原因だと思います。でも、だからこそ、変えていくべきだし、読者の方々一人ひとりが行動を変えることによって変えていくことができるものだと考えています。


経済問題がいろいろと発生すると、やはり経済活動は人びとが生きていくうえで重要だとあらためて実感させられます。経済が悪くなってしまうと、人びとの生活そのものが大きくおびやかされてしまうからです。

経済なんて自分とは関係なく、金儲《かねもう》けをしている人にとって重要なことだ、経済学なんて金儲けをする人にだけ必要な学問だ、そんなふうに思っている人も少なくないかもしれません。けれども、実際は、経済活動は皆さん一人ひとりと密接につながっている重要な出来事です。経済が安定し、良いかたちで発展していかないと安心感のある生活すら送れなくなってしまいます。

現代の経済学でもっとも重要な専門用語のひとつは、「インセンティブ」という言葉です。

これは日本語では「誘因」などと訳されていますが、要するに「やる気」や「モチベーション」のことで、それを高めていくことの重要性が経済学では議論されています。

今後の日本が、より豊かで活力ある社会を作りだしていくためには、一人ひとりのインセンティブをいかに高めていくかが重要になります。それは、単純にお金が儲かる社会や経済を作るためというだけではありません。金銭的な面を超えた、たとえば心の豊かさであったり、格差の解消を考えたりするためにも、人びとに活力があり、やる気に満ちあふれていることが不可欠です。やる気のない社会からは、何も生まれないからです。

当然のことかもしれませんが、とくに若い人を中心に、やる気のある人が活躍をし、（儲かる、儲からないというレベルを超えて）みんながいきいきと働く社会にならないと、世の中の未来はないだろうと思います。

けれども、やる気をいかに引き出すかというのは、実はなかなか難しい問題ではあります。政府がやる気を出せ、もっと活力を出せ、と号令をかけてみたところで、誰もやる気を出すわけはないからです。そうした場合にどうしたらよいかを考えるのが、経済学の役割のひとつでもあります。つまり、いかに人びとがやる気を起こすような経済を作りあげるかということです。

日本の社会では、かなりの人が、ある種の安定感なり、それなりのレベルの達成感を持っているのだけれども、なんとなく閉塞感があって、未来が大きく広がっていくとか、ステップアップしていくとか、もっと楽しいことが将来起こりそうだという感覚がどうも欠けている。その一方で、先行きについては景気が悪化していることもあり、漠然とした不安を抱いている気がします。

このような感覚の下では、どうしても活力が失われていく傾向が出てきます。皆のモチベーションが下がっていき、社会活動、経済活動が停滞してしまう。そして、だんだん活力が失われていくのではないか、それはすごく危惧《きぐ》するところです。だから、もっとやる気にあふれ、活力のある経済、活力のある社会にしていかないといけないいんじゃないか、と思っています。

そのためには、皆がもう少しやる気を持って、将来に対して希望を持ったり、今は少し苦労してでも努力することで何か未来が広がってきたりするような、そういう意識が持てるような社会システムを構築していく必要があります。その観点からすると、今までずっと述べてきたように、何か違うルートがあったり、選択肢が広がったりというのは、ある意味では活力を生み出すとても重要なファクターではないかと思います。一本道で歩いていて、そこでうまくいかなかったらもうダメよ、という話では、やはり未来に希望が持てないし、活力が出ないからです。皆が、単に道からはみ出すことを心配して、そろそろと歩く社会になってしまったら、活力とか希望というのはあまり出てこないような気がします。

選択肢の広い世界に

ここがダメだったら、次はあそこに行ってみようとか、あそこだったらもっといいことがあるんじゃないか、そんなふうに皆が考えられたり、人とは違うルートを走ってみると新しい出口が見つかるんじゃないかと多くの人が考えられるような社会、いろいろな人がそんなルートを選べるような社会のほうがわくわくするし、面白いと思うんですね。そういったわくわくするとか面白いという感覚を、仕事をしていく場面や、職業を選ぶとき、あるいは自分で勉強するものを選んでいくときに、多くの人が持てるような社会がいいように思います。経済学的に考えても、そういうものがある社会のほうがインセンティブが高まり、経済的にも発展するはずです。

少し学問的な言い方をすると、もっと人びとの選択肢が広がるような世界にしないといけない。それはいろんなレベルでそうで、たとえば、勉強をしていくプロセスにしても、すでに述べたように何年かかっても別によいはずだし、今の受験システムに適応しづらい能力というこどもありうる。そういう意味での勉強の仕方や選択肢には、多様性があったほうがいい。もちろん怠けてもいいということではなくて、がんばるにしてもそれなりにがんばり方が違っていてもいいんじゃないかという気がします。

それから、職業の選択にしても、働き方にしても、もっと多様性があっていいように思います。たとえば3年とか5年働いてから、もう一度大学に入り直して、博士号やMBA（経営学修士）を取って、どこかの会社に戻るというようなことがもっとたくさんできてもいいと思います。女性であれば、先ほど述べたように出産とか育児のために一時期仕事を中断しても、また仕事に戻るルートがいっぱいあるほうがいい。

それから、今ワークライフバランスと言われていることですが、たとえば半日だけ働いて、あとの半日は学校に行くというようなことを続けていき、それで学位を取ってフルタイムで働けるようになるというようなことも、もっとできたらよいように思います。会社を辞めて大学院に行くことはなかなか難しくても、半日勉強できれば、何かできるかもしれない。そのような選択肢が広がっていくと、もっと世の中は精神的にも豊かになっていくし、経済の活力にもつながるように思います。

半日働くというような制度は、ヨーロッパにはすでにあります。ある程度働き方を柔軟にして、フルに働くだけではないさまざまなかたちを制度化して、積極的に使えるようにしようという傾向がヨーロッパでは強いです。また、カナダに行ったとき私が驚いたのは、皆、夏は16時半くらいがラッシュアワーで早く帰宅することです。サマータイムですから陽が高くて、17時に家に着いてから21時頃まで、まるまる4時間くらい明るい。そこから家の修理をしたり、野球をやったり、いくらでもいろんなことができる。

日本も、そんなことがもっとできてもよいのではないでしょうか。

日本がめざすべき別の道

地球温暖化や環境問題という点で、化石燃料を使っての経済成長には、もはや多くを望めないという問題があります。環境問題はたしかに重要だと思いますから、単に成長してお金が儲かればいいということではなくなってきています。地球環境や、世界全体の生態系をどれだけ崩さないでうまく成長していくかということを考えていかなければいけない。そのためにも、いろいろな工夫が必要で、環境に優しい技術開発というのは非常に重要なことですし、そのために知恵をしぼらないといけないでしょう。そういうことをこれからどれだけやっていけるかというのが、日本だけではなくて世界に求められていることです。

けれども、では一方で成長しなくてもいいかというと、残念ながらそういうわけにはいきません。もう成長せずにこのままいけばいいいんじゃないかという感覚をお持ちの方は少なくないかもしれませんが、それはそういうわけにはいかなくて、やはり経済とか世の中というのは、立ち止まることはできないんです。世界全体から見れば、人口もさらに増えていくわけですし、世界全体の経済成長が止まると、結局増えていく人口を支えられないということになるわけです。世界全体の話からすると、増えていく人口に対して供給できるだけのキャパシティを全体で持っていなければいけない。

ですから、今後重要になってくるのは、いかに環境を護《まも》りつつ世界全体を成長させていくかという視点です。右で述べたように、環境にやさしい技術開発が重要になってくるのはそのためです。今までと同じようにあるいは今まで以上に経済を発展成長させつつ、一方で地球環境は今まで以上に護られるような技術開発を行っていくこと。それが、これからの社会に求められていることでしょう。

日本は環境技術の開発では、世界をリードする立場にあります。そうであるならばなおさら、わが国は、この技術で世界に貢献していくことが、今後とても重要になってくると思います。

日本国内での課題としては、成長も重要ですが、どれだけ楽しく成長していけるかということになるのだろうと思います。物質的にはある意味でもう十分に満足しているけれども、今の若い人たちには閉塞感があるようです。ですが、先にも述べたように、とりあえず経済はちゃんと成長していかないと、この満足のレベルはまったく維持できなくなる。そこから落ちていくことは、実は簡単です。

もうひとつ言えば、果たして本当に満足しているのかというと、実は、そうではないのではないかという気がします。ある意味で非常に消極的な満足であって、本当に希望が満たされているか、明るく活動できているかというと、私はそうではない気がするんです。希望に胸躍るような目標があり、それを達成できた時の喜びや、自分がやりたいことに向かって目標を実現していける、そういうことからくる満足感はむしろ、得られなくなってきているのではないでしょうか。

だから、現状でいいと思いつつも、なんとなく上に向かって走って行けないという閉塞感が全体を覆っているように思うのです。そこを壊して、もっと明るく未来を見据えられるような社会を築いていくことが必要ではないでしょうか。そのほうが、経済に活力が出るだけでなく、皆の気持ちももっと豊かになるのではないかと思うのです。そのためにも、もっと選択肢の広い社会システムを作っていくこと、とくに教育システムはもっと選択肢があるようにしていくことが重要だと思います。

もしも、本当に社会が閉塞しているのなら、それはそれで仕方がないかもしれないですが、私はそうは思いません。行く道がもうないと思っているのは、実はすごく狭い場所を見ているからであって、本当はもう少しチャレンジングな、もう少し心がわくわくするような道というのが、たくさんあると思うのです。そういうものが探せるような社会や経済を築いていく必要があると、経済学者の私としては思っています。

大学は一度社会に出てから入るべき

というわけで、ここでそういう社会や経済を築いていくための方策をちょっと考えてみたいと思います。今までは、どちらかと言うと、どんな心持ちで勉強や仕事をしていったほうが幸せだろうかという視点で考えてきましたけれど、そうではなくて、社会の制度のあり方として、どんなものがよいだろうかという点を考えてみます。

ひとつの提案としては、もう少し進学のプロセスを変えてはどうか。少し大胆に言うと高校からダイレクトに大学へ進学するのを原則禁止して、いったん社会に出て働くことにしてはどうか、ということを考えています。

よく言われていることですが、日本の大学は、入試がゴール地点になってしまっていて、学生は入学後に何を学ぶのか、どんなことを身につけるのかという意識がかなり希薄です。いっぽうでは、大学を出てから働き始めた多くの人が、大学時代にもっと勉強をしておけばよかったと後悔したり残念がったりしている姿をよく見かけます。これはとてももったいないことだと思います。

このようなことを言うと、ならば、大学でもっと勉強をさせるようにすればいいじゃないか、それは大学でちゃんと教えていない君たち教師の責任じゃないか、というお叱りを受けそうですし、たしかに反省すべき点は多々あると思います。けれども、現状では大学生がなかなかやる気を持てないという面もあるように感じています。

それは、実社会で実際の仕事などを経験してみないと、その学問の重要性や必要性を実感できないという面があるからです。とくに経済学のような学問はそういう傾向が強いように思います。インフレがどうとか景気がどうとか言っても、実社会に出て給料をもらうようにならないと実感できるものではありません。あるいは金融の仕組みにしても、実際にそれをビジネスとして行ってみて初めて、本当のところがわかるのだと思うのです。この点は経済学だけではなくて、法律分野などでもそうだと思います。実社会に出る前に勉強をしても、それは机上の空論で終わってしまいます。

その学問内容がよくわからないだけではなくて、本当の必要性もよくわからないのだと思います。アメリカの大学院に仕事を辞めて入り直してくる人たちの話をしましたが、彼らは、自分に何が欠けていて、何を学んで卒業していく必要があるのかを十分に認識したうえで勉強をしています。ですから、とても真剣ですし、学ぶべき内容もよくわかっています。それに比べて、高校を出てすぐ大学に入ってきた学生は、そのような知識というか基本的認識がありません。もちろん、なくて当然です。実際に仕事をしたことがないのですから。

けれども、自分が本当は何を身につけたいのか、何を身につけなければいけないのかがよくわかっている場合と、まったくわかっていない場合とでは、真剣さの度合いや、やる気の度合いが変わってくるのは、ある意味では当然であるような気がします。そして、やる気もなく本当は何を勉強すべきなのかわからないまま、やみくもに試験勉強だけして卒業をして、会社に入ってから、ああ、あの勉強をもっとしておけばよかったと嘆くというのは、社会としてとても大きな損失だと思うのです。

もちろん、後悔した段階で勉強し直すことは重要です。勉強は本当にそれを身につける必要があると感じている人が、そのときにするのが一番だからです。しかし、社会の仕組みとしては、皆がそのような後悔をしないような仕組みにするのがよいのだと思います。

そう考えると、一度社会に出て、自分がやりたい仕事をしていくうえでどんな知識が欠けているのか、どんな技能を身につけていくべきなのかをよく認識したうえで、大学に入ってきたほうがずっと真剣に勉強をする気になるでしょうし、身につく度合いも高くなると思うのです。

それに対して、強制するのはいかがなものかという反論は当然あると思います。実際、勉強する内容によっては、社会に出る前に身につけておいたほうがよいものもあるでしょうし、あるいは文学や哲学などの学問は、あまり実社会の経験の有無とは関係ないような気がします。ですから、強制というのはちょっと極端な主張ではあります。けれども、現在の大学が、あまりにも勉強をしなくていい場所になってしまっているのも、残念ながら事実です。もっと、本当に学びたい人が集まってくる場所にするためには、そんな荒療治《あらりょうじ》があってもいいのかなあと思っています。

道はたくさんある

もうひとつ、これはどこまで制度化すべきことかはよくわからないのですが、社会人の皆さんがもっと、企業や業種をまたいで働き場所を変えられるような社会の実現が必要だと思いします。

今現在では、世の中の景気が悪く、多くの人が解雇されることを心配して、できるだけ今の会社にいられるようにしたいという気持ちが社会に充満しています。けれども、今までいろいろと述べてきたように、本当は、いくつになってももっと多様な選択肢があって、人びとが職業や会社を（解雇されて選ばされるのではなくて）選び直すことができる社会のほうが、より充実した生活が送れるように思います。そのためには、社会に出たあとでも、もっと異なった知識や技能を身につける機会が増えてもいいのではと考えています。もし、高校を出たあとすぐに大学に行かないとなれば、社会に出たあとしばらくして大学に行くことになるので、そういう技能を身につける機会が出てきます。

けれども、それだけではなくて、一度、知識や技能を身につけたあとでも、さらに新しい知識や技能を身につけることがもう少し容易にできるようにするべきです。それを、たとえば強制的にある年齢を過ぎたら大学院に行かなければならない、とするのはいくらなんでも極端すぎる話でしょう。けれども、ある程度の年齢になった人が、たとえば休職をしてでも、大学院で別の何かを学ぶことができるような、そんな社会制度にしていくことはとても重要ではないかと感じています。

現状では、日本の社会では多くの中高年が、そんなに簡単には転職ができないという状況があり、今いる会社で十分な充実感が得られなかったり、十分な活躍の場がなかったりという事態が残念ながら起こっています。これは日本社会にとってとてももったいない状況だと思います。

日本は少子高齢化社会に急速に進行中で、人材や労働力は今後どんどん不足していくと言われています。そんな中で、本来ならば力があるはずの人材、あるいは別のところにいけば十分能力を発揮できるはずの人材が埋もれているとすれば、とても残念なことです。仮に他の会社にいって直ちに活躍できる能力を持っていないとしても、新たに必要な知識や技能を身につければ、新しい場所で力が発揮できるはずです。ですから、そのような知識や技能を身につける機会がとても重要になってきます。

この点は、人びとが抱いているような将来に対する不安感や閉塞感を打破していくうえでも、とても重要なことだと思います。今いるこの会社しかない、今持っている知識や技能だけしか得られないということであれば、どうしても、そこでうまくいかないととても暗い気持ちになってしまいます。そんなときに、新たな知識を身につける機会があり、そこからまったく異なった将来展望が開かれていくのだとすれば、多くの人たちに今よりももっと明るい希望を与えられる気がします。

くり返しではありますが、日本経済にとってもこの点はとても重要です。皆のやる気がなく、将来の展望が暗い中では経済の発展はありえません。また、貴重な人材が、より適材適所で働けるようにすることは、経済システムにとってとても重要です。かつての日本はその適材適所の人材配置を、ある意味では大学卒業の段階で行ってきたと言えます。しかし、時代は大きく変わりました。経済の環境変化に合わせて、もっと人材が自由に動きまわって、より望ましいところで働けるようにするほうがよいように思います。

今の日本社会では、一度就職した会社や職業から離れることはまだまだ容易ではありません。そのため、そこでうまくいかないと閉塞感や挫折感を味わってしまう場合も少なくないと思います。けれども、そういう人にとっても、決して道がそこで終わってしまっているわけではないと思うのです。

実は、これからでもさまざまな可能性に満ちた選択肢がたくさんあるのだと思います。アメリカの大学院では子育てが一段落した女性だけでなく、かなり年配の方も次の仕事や生きがいを求めて研究をしていました。海外に行くと、定年退職したあとで、新しい国で新しい仕事に取り組んでいる人にたくさん出会います。多くの人が考えている以上に、どんな年齢になっても、将来の選択肢はたくさんあるのです。

大切なことは、将来の道が閉ざされてしまったと悲観しないことです。普通に考えている以外にも、実は道はたくさんあるのだとしっかり認識することで、見えてくるものがさまざまあるように思います。

もちろん、だからといってすぐに会社を辞めたり転職をしたりすることは難しいかもしれません。けれども、そういう将来の選択肢を考えるだけでも気持ちはずいぶん変わってくると思いますし、また将来の展望も大きく変わってくることでしょう。

第三部

大人のためのマイペース独習法

6章 「キャリアのふり返り」から始めましょう

第三部ではここまでの問題意識を踏まえて、これからの学びを考えていきましょう。今は、リスキリングやリカレント教育や学び直し等、社会人の能力開発や人的投資に関する用語があふれていて、この分野の必要性がずいぶん主張されるようになりました。かなり以前から、その必要性を訴えてきた私としては、とてもありがたい現象ですが、プログラミングであるとかデジタルスキル等、新しい能力開発だけに焦点があたりすぎなのが気になるところです。

もちろん、新しい分野にチャレンジして、そのためのスキルを身につけることは、とても重要なことなのですが、そういうまったく新しいチャレンジだけが、能力開発や学びではないのです。

1章でも強調したように、今までの経験は大きな武器です。ただし、今までのやり方にこだわり過ぎるとそれが十分に活かせなくなってしまう。よって、今までの経験をしっかりと武器として活躍できるようにするための学び、そういうものがこれからは一層大事になってきます。

そのために必要な最初のステップは、まず、

○自分のキャリアや将来を、自分で考える
○今の会社にいない自分を具体的に想像する

ことでしょう。こういう想像力を働かせることは、実は学びの準備段階としてとても重要です。

その次に必要なのは現状把握です。たとえば、冷蔵庫に入っている卵や野菜の量を確認しないままスーパーに買い物に行っても、必要なものが足りず、冷蔵庫にあるものをたくさん買ってくるといったちぐはぐな事態になりかねません。それと同じように、自分の現状の能

力を自分でしっかり把握したうえで、必要な能力開発を考えていくことが大切です。

でも、これが意外と難しい。そこで、この現状把握のための「ふり返り」とそれを学びに結びつけていく方法についてもう少し考えてみることにしましょう。

インプットよりも「ふり返り」を

学び直しは、大きなイベントとは限らないのです。今、40代・50代を迎えている皆さんに有効な学び直しは「一念発起して行う大がかりなインプット」ではなく、むしろ「日常的なふり返り」だと私は考えます。

40代・50代ならすでに知識や経験は十分蓄積されています。それに、多忙な時期ですから、大がかりな知識のインプットは負担が大きいでしょう。

そもそも「知識」というもの自体が、以前ほど価値あるものではなくなってきています。ひと昔前なら、知識の豊かな人は大いに尊敬されました。しかしネットが普及した今は、個々人が知識を頭に入れずとも、スマホを見れば事足ります。

ですから現代において、「物知り」であることはさほど意味を持ちません。より大事なのは、「今持っている知識を活用する力」です。

その力を鍛えるのが、ふり返りです。これまで社会人として何を経験してきたか、どのようなスキルを獲得してきたのか、棚卸しをしてみましょう。

この作業も、大がかりである必要はありません。毎日5分程度、今日したこと、今できていることを書き出すだけです。いたって簡単ですが、その積み重ねは、今後のキャリアや生き方を確実に変化させるでしょう。

ふり返りを「学び」にする二つのポイント

ふり返りには、二つの目的があります。

ひとつは、これまでに得た経験の「抽象化・一般化」。個別具体的な経験から学びを抽出し、他の場面でも応用できるようにすることです。

もうひとつは、「忘れる」ことです。誰しも長年働いていると、一定の価値観にとらわれやすくなるもの。その結果、発想力や柔軟性が次第に衰えてしまいます。そうなりそうな自分に気づき、固定観念から自分を解放する試みを「アンラーン（unlearn）」といいます。

おすすめなのは、何らかの「学問」をガイドにすることです。学問こそ、個別具体的な事例から法則性を抽出したもの。つまり、経験を一般化・抽象化するときの助けになるのです。

ビジネスパーソンなら経済学や経営学、法学など、社会科学系の本を選べば仕事との関連性も高く、役に立つでしょう。まずは書店で社会科学系の棚を見て、自分の仕事と関係のありそうな本を買ってみましょう。簡単な入門書で構いません。

また、全部読み通す必要もありません。仕事と関わりの深い部分だけピックアップすれば十分。本の読み方もまた、「インプット」より「抽出」が、40代以降に適した方法なのです。

本を読んだときの感じ方も、10~20代の頃とは違っているでしょう。学生時代は理論をインプットするのみですが、年齢を重ねると、経験と結びつけて考えられるようになります。「あの経験はこういうことだったのか！」と、思い当たる感覚を得られればしめたもの。それは、ふり返りが学びになる瞬間です。

平凡な経験が「武器」に変わる

「一般化・抽象化」と言うと難しく聞こえますが、アプローチはごくシンプルです。

たとえば、過去から現在までに出会った上司について考えてみましょう。部署が変わったりチーム編成が変わったりするごとに、皆さんはこれまで何人もの上司と関わりを持ってきたはずです。

これは一見何の変哲もない、誰もが通る道に思えますね。しかし「学び直し」を経ると、きわめて有用なスキルになる可能性を秘めています。

個々の上司との間で起こったエピソードや、そこで抱いた思いを、とりとめのないままにせず「整理」をしてみましょう。

切り口は自由です。たとえば、これまで出会った「見習いたい上司」「反面教師にしたい上司」。なぜそう思ったのか、それぞれどのような行動や考え方をする人だったのか、ふり返ってみましょう。

そこにはきっと、自分の価値観に基づく一定の法則性があります。それを見出せたら、「自分は上司としてどうありたいか」という、リーダーシップの指針を持つことができます。

上司との人間関係に苦労した方も、相手の人となりや自分の対応、その失敗や成功の分析を通して、「上司と円滑にコミュニケーションをとる秘訣」といった知恵に結びつけられます。

このように、一見平凡な経験が、優れたコミュニケーションスキルへと変化するのです。これが、「今ある知識を活用する」ということです。

うまく整理できないこともあると思いますが、気にしなくて構いません。工夫すること自体に意味があるからです。経験を捨て置かずにふり返る姿勢が、自《おの》ずと学びを生成するのです。

世代や職業の違う「仲間」を作ろう

「自分だけの偏った見解になっていないか？」と不安になることもあるかもしれませんが、そこも気にしなくて大丈夫です。出来事をどう解釈するか、どんな知恵を導き出すかに「正解」はありません。つまり、自分で決めていいということです。

「自分はこう解釈し、今後にこう活かす」と決めたなら、それが現時点での答え。その先でまた壁にぶつかれば、またふり返って検討し直せばいいのです。

もちろん、他者の視点が助けになることもあります。ふり返りの「仲間」を作ることはとても有効で、数人で集まって、それぞれの経験や考えを語り合い、互いにフィードバックするのは大いにお勧めです。

一人で考えるときとは違った視点が得られますし、自分では気づかなかった自分の強みに気づかせてもらえることも多々あります。

仲間を作るなら、職場以外の人が良いでしょう。たとえば大学の同級生なら、気心が知れていて、かつ現在は違った環境に身を置いているため、視点が多彩になります。

さらに良いのは、世代の違う仲間を作ることです。日本社会は、縦の人間関係に親密さが生まれづらい傾向があります。違う世代と接するときについ「上司と部下」のような口調になって、フランクに話せない方も多いでしょう。その縛りを解くためにも、年の離れた人と友人関係の構築を図ってみましょう。

そのためには、趣味でつながるのが近道です。スポーツ、楽器、鉄道、何でも構いません。同じ趣味を持ちつつ、異なる年代や業種の人びとと接することで、これまで出会うことのなかったものの見方を知ることができます。

人の話に思わぬヒントが

私も近年、世代や職業の違う人との交流が増えました。たとえば、親しくさせていただいていて、書籍『Unlearn』（日経BP、2022年）を共著で書くことになった為末大《ためすえだい》さん。

彼はご存知のとおり「侍ハードラー」と呼ばれた元アスリートで、年齢も15歳下。為末さんと話していると、異なる背景を持つ人ならではの見解にハッとしたり、背景が異なりつつも共通する点を発見したりと、良い刺激を受けています。

ちなみに若い友人と接するとき、「先輩風」を吹かせるのは避けるべきポイントで、それを防ぐには「話す」より「聞く」に重点を置くのがコツです。人の経験や考え方に耳を傾けると、自分の仕事にも役立つ知恵になることがあります。

やはり10歳以上年下で、レストランのシェフをしている友人がいます。彼が語るには、シェフの仕事は料理を作ることだけではないのだそう。

お客さまにとってレストランは大事なコミュニケーションの場。ハレの日を祝う人もいれば、大事な商談をする人もいます。そうした一人ひとりのお客さまの目的が最上のかたちで叶うよう、料理のみならず全体のコーディネートを考えてサービスを提供するのがシェフの仕事だ、と彼は言います。

シェフの仕事は「味を追求すること」だと考えていた私は、目からウロコが落ちる思いがしました。そして、自分の仕事に当てはめても同じだと気づきました。海外で経済交渉などを行う際は、「何をどう話し合うか」といった内容面だけでなく、会場の雰囲気なども含めた、トータルな場作りを意識すべきだ、と。

なお、友人との会話が毎回こうした気づきを生むわけではありません。ですから「毎回、何か学びを得よう」などと意気込まず、まずは交流を楽しみましょう。くつろいだおしゃべりの中で、ときどき思わぬかたちで発見を得る、というかたちが理想的です。

ダイバーシティは思考を柔軟にしてくれる

前にも述べたように、思考のクセを取り除く「アンラーン」はとても重要です。異なる背景を持つ人と接することは、この「アンラーン」を促進します。会社という同質集団に身を置く中で、いつしか身についていた思考のクセを認識できるからです。「ひとつの考え方に凝り固まっていないか」と自問する機会が増え、思考の柔軟性が次第に戻ってきます。

この考え方は近年、「ダイバーシティ」というかたちで、組織の内側にも取り入れられています。年齢・国籍・性別の多様性を組織内に取り込むことで、違いから生まれるダイナミズムを促進しようという取り組みです。

ところが、固定観念に縛られたままダイバーシティと向き合うと、本質から離れた受け止め方をしてしまいがちです。つまり、「このワードは差別になるらしいからＮＧ」「女性にこういう言い方をしてはいけない」といったルールを機械的に覚えて、「面倒な時代になった」と嘆く、という対応です。

ダイバーシティは決してそのような「縛り」ではなく、ポジティブな役割を果たすものです。異文化が接触し合うことは、組織の活性化のみならず、個人の発想をも広げ、成長を促します。一時的にはストレスを感じても、長い目で見ると、すばらしい学び直しになるのです。

経営や人事に関わる立場の方も、ダイバーシティを取り入れるなら「社会的要請に合わせて」という動機ではなく、イノベーション喚起のために行う意識が大切です。

外国籍の人、障害を持つ人、ＬＧＢＴの人などを雇用するなら、それは親切心でもイメージアップのためでもなく、「社の成長に益すること」だと認識しましょう。

そのうえでさまざまな違いと接し、ときに戸惑い、ときに発見を得ながら、固定観念や偏見をアンラーンしていきましょう。

自分の仕事を子どもに説明できるか

アンラーンに不安を感じる人も、きっといるでしょう。形成してきた価値観をリセットすると「自分が自分でなくなりそう」と怖くなる人は少なくありません。

しかし、古びて凝り固まった考え方を脱ぎ捨てたほうが、むしろチャンスは広がります。年を重ねてもなお柔軟な精神を持つことで、周囲からの信望・信頼も厚くなるでしょう。

ですから「1日5分」のふり返りをするとき、今日行った仕事や下した決定を一つひとつチェックしてみましょう。

会社のカルチャーに染まった固定的な選択になっていないか、安易に過去の慣例に従っていないか、そこに合理性はあるか、他にどんな選択があるか、という風に。その選択を実行しなくとも、枠を外して考えることそのものが有効なアンラーンになります。

さて、こうした毎日の小さな学び直しは、学校通いや資格の勉強などと違い、どこまで進歩したかが見えづらいものです。しかしここにも、簡単なチェック法があります。

それは、「固有名詞と専門用語を使わずに、自分の仕事を語れるか」。これができたら、一般化ができているということです。

試しに、お子さんや親戚の子どもなど、未成年を相手に仕事の説明をしてみましょう。意外に難しいことがわかると思いますが、相手に通じる言葉を探る工夫が、良いトレーニングになります。

もうひとつは、「ある具体的体験から得た知恵を、別の場面に応用できているか」を、日々の行動から拾い出してみること。知恵の「横展開」ができているなら、一般化のスキルも、発想の柔軟性も増しています。

日々小さくふり返りを重ね、進歩の跡を確かめながら、新しい自分へと歩んでいきましょう。

7章 独学は「ふまじめ」なほうがいいのです

「子どもの勉強」から「大人の勉強」へ

ここまで折に触れ独学ノウハウをお伝えしてきましたが、おもに私の学校教育での体験談をもとにしたものでした。そこでこの章では、あらためて日本の学校教育の特徴を整理して、「大人の勉強」におけるポイントを考えることにしましょう。

日本の学校教育は、かなり手取り足取りです。よくできた教科書と問題集が用意されていて、「要点は以下のとおり」とか「この問題に答えられますか」と、とても親切です。

その反面、「受け身の勉強」になりがちです。「考えるべき部分はここで、覚えるべき部分はここです。他は必要ありません」となれば、効率的なように見えて、本当の意味での学びにはなかなかならない。こうした勉強のやり方では、大きな思考の発展や新しいアイデアが生まれにくくなるのです。

そこに日本の学校教育の課題があると思います。海外の小中学校では、自分で考えさせたり意見を言わせたりするトレーニングに重点を置く国も少なくありません。日本でもだいぶ変わってきたとは言われますが、小中学校のどこかの段階で、もっと自分で考える勉強をしっかり身につける、その必要性を感じています。教科書を読むときも、その中から自ら問いを見つけ出すような、教科書と「ケンカ」をするくらいの読み方をしていかないと、一生モノの深い勉強にはならないのです。

多くの方々が、そうした環境で学んできたので、大人になった今でも「勉強とは、何かを教わって知識を吸収すること」だと思っている人が少なくありません。しかし現代では、知識というものはインターネットさえ使えば小学生でも手に入れられます。仕事もしかりで、知識さえあればできる仕事では、簡単にコンピュータに負けていきます。知識吸収型の勉強だけでは、役に立たないのです。

「大人の勉強」は、このような「子どもの勉強」から脱皮しなければいけません。知識プラスアルファの何かを生み出せるか、が仕事では問われるものだし、仕事だけではなく広い意味での社会生活や、人生をより良く生きていくためにも大切なことだと思います。

この点も踏まえると、「大人の勉強」のポイントは、知識を単に覚えることに終始するのではなく、以下の点に注意して、自分の頭で考える工夫をすることでしょう。

①自分の経験や知見を整理すること
②好奇心や目的意識を呼び起こすこと
③時間がないことを前提にすること

本書でくり返し述べてきているように、大人と子どもの大きな違いは、社会経験の長さです。ですから①に挙げられているように、そこで得られた経験や知見をしっかり整理して一般化させることが、リスキリングや大人の勉強の大きなポイントです。

②は、子どものときのように、明確なゴールがないことから生じているポイントです。しかし、大人でも資格試験勉強のように、明確な勉強の目標が存在する場合もあるでしょう。しかし、多くのリスキリングがそうであるように、はっきりとした目標はないものの、漠然と勉強し

たい、スキルアップをしたいと思っているケースも少なくありません。その場合には、勉強したいモチベーションを高めるための工夫、とくに好奇心を呼び起こす工夫が必要になります。

とはいっても、ほとんどの社会人にとって、しっかりとした勉強を続けることは、時間的に難しい場合が多いのが現実です。ですから、そもそも時間がないことを前提にした③のポイントが重要になります。

以下では、これらのポイントをもう少し深掘りしていきましょう。

倉庫の中のぐちゃぐちゃな「武器」を整理する

①で挙げた、自分の経験や知見をふり返って整理することの重要性は、本書の他の箇所でも述べてきたとおりです。

若いときの勉強は、新しい知識をどんどん取り入れる作業が主体で、経験を元にして体系づけることがそもそも難しいです。それに対して、ある程度の時間を社会で過ごしてきた40代や50代、60代の人にとっては、自分の持っている経験や情報をいかに整理するかということが、勉強のひとつのポイントになります。

けれども、多くの人がそういう作業をあまり勉強だと思っていないようです。これは、たとえて言うと、せっかく武器を持っていても、倉庫の中にぐちゃぐちゃに入っているようなものです。これでは、戦おうと思っても適当な武器がすぐに出てきません。けれども、きちんと棚に整理しておくと、それらは使える武器になります。

今までの経験もそれと同じです。これを少し整理しておくと、新しい仕事に直面したり転職に踏み切ったりするとき、今までの経験を活かすことができるようになります。

整理する方法としては、必要なのは、6章で述べたふり返りです。できるだけ自分の経験を「一般化・抽象化」してふり返ってみることによって、経験が頭の中に整理されて、立派な使える武器になります。

その際に、役立つのは、これも6章で説明したように、何かの学問と自分の経験とを関連づけることです。でも、今まで専門的な仕事をしてきた人を除けば、自分のやってきたことが、どんな学問と関連づけられるのかが、よくわからないかもしれません。

そもそも何かの学術書を読むというのは、とてもハードルが高そうで、なかなか手が出せないという人も多いことでしょう。そこで、

ポイント②　好奇心や目的意識を呼び起こすこと

が重要になってきます。

どれだけ立派な本を読もうと計画を立てても、それを実行するモチベーションがあがらなければ、忙しい中ではなかなか学びは進みません。このあたりが、受験勉強を前提とした子どもあるいは学生の勉強との大きな違いです。

ですから、できるだけ好奇心が持てるもの、自分の問題意識と合致していそうなテキストを探すことが重要になってきます。

入門書を3冊、つまみ食いでいい

そのためのステップとして、独学をめざす皆さんにオススメしたいのは、「とりあえず本屋に行って、なんとなく関心の持てる分野の本を手に取ってみる。そして、『ちょっと勉強してもいい分野かな』と思ったら、入門書を3冊買ってくることから始める」という方法です。

自分が勉強したほうがいい分野や勉強すべき課題、自分に向いていることは、そう簡単に見つかるものではありません。これはもう、「なかなか見つからない」と割り切るしかありません。そして、ある程度学んでみて、「これはダメだな」と思ったらさっさとあきらめて、また別の分野を探す。そのくり返しをして、自分に向いている分野を見つければよいのです。試行錯誤するのを避けて、初めから確実な1個を探そうとすると、かえって何も見つけられないのだと思います。

「せっかくお金を出して買ったのに、あきらめてはもったいない」面も確かにあります。しかし、本はすでに買ってしまった以上、それを勉強してもしなくても、払ったお金は返ってきません。買ったという過去の事実に縛られて、これからの時間を無駄に使うよりは、試行錯誤のための投資だったと割り切って、より有意義な方向にこれからの時間を使ったほうが建設的です。

3冊の本は、簡単に読めて、全体像がある程度つかめるタイプの本を選びましょう。わりと網羅的な、上から地図をおおざっぱに眺めるような印象の本がいいと思います。

ただし1ページ目からきっちり読んで、律義に最後まで読む必要はありません。

「せっかくここまでやったから」とか「こんな中途半端であきらめるなんて、自分が許せない」と感じてしまう人は多いのですが、皆さん、マジメすぎるのだと思います。我々は、「せっかく買って読み始めた本は、おしまいまで読み通すのがいい子どもだ」と言われて育ってきました。小学生に勉強の癖をつける意味ではそれでいいと思いますが、そこも発想を変える必要があります。もっと中途半端でいいのです。本当に向いていないことや身につかないことをいくら勉強しても、無駄を重ねるばかりです。

本というのは、私の専門である経済学の本が典型ですが、最初のほうはつまらないということが往々にしてあります。本当に知りたい面白いことは、最後の20～30ページに書いてあったりします。生まじめに最初から読んでいって、面白いところまで行きつけず挫折したらもったいない話です。まだ、概観の段階ですから、途中を飛ばしても全然かまいません。興味を持てそうな箇所から、パラパラ読めばいいのです。

3冊の入門書を読み比べると、内容や書き方の違いが見えてきます。自分に合いそうだと感じた本があれば、その段階で精読に取りかかりましょう。そして「この分野でいこう」とテーマを決めたら、その本に紹介されている参考文献や、同じ著者の別の本へ進めばよいのです。

本を読むときには、5章で紹介した「ケンカ」が大切です。つまり書かれていることを鵜呑みにして覚えるのではなく、本当にそうだろうかと批判的な目で読むことが大切です。そして、書いてあることに疑問を差しはさみ、それを今度は著者の代わりになって答えてみる。そんなふうに、読者と著者の立場を行ったり来たりすると、より内容をしっかり頭に入れることができるでしょう。

ミドルの独学のオススメは「スキルの斜め展開」

ここまでは、どちらかと言えば、自分の経験に比較的近い、それを整理するのに役立つ学問の探し方を説明してきました。けれども、自分の関心や問題意識が、今までの経験に沿ったところにあるとは限りません。もう少し別の分野を学んでみたい、視野を広げたいと思う人も少なくないでしょう。

そんな方々にとっても、前節の３冊の入門書を選んで、その分野を概観してみるやり方は有効です。

けれども自分の経験とまったくかけ離れた分野を学ぶことには抵抗感があったり、難しいと感じてしまったりする人も多いことでしょう。そんな方々にお勧めなのは、「スキルの斜め展開」をめざす勉強です。これはどういうことかというと、自分の今までの経験をそのまま活かしていく（タテ）のでもなく、まったく別のことをやる（ヨコ）のでもなく、自分の経験を少し広げる（斜め）ことによって、自分の分野を広げていこうというものです。

何が斜めの分野かというのは、厳密に定義をするのが、難しいですが、自分がよく知っている分野と関連した分野で、関心が持てそうなところというのがわかりやすい定義かもしれません。

関連した分野を見つけるには、自分といつも一緒に仕事をしている人のスキルや分野を探すというのが、ひとつの方法でしょう。たとえば、私のところにメディアの方々が取材にこられる場合には、ライターとカメラマンが一緒にというパターンが多いです。これはライターのお仕事とカメラマンのお仕事がかなり関連している（専門用語で言うと補完性が高い）からです。

この場合に、たとえばプロのカメラマンほどではないにしても、ある程度写真も撮れるようになると、ライターのお仕事の幅もかなり広がります。あるいはカメラマンの方でもある程度文章が書けるようになると、できる仕事が増えます。これがスキルの斜め展開のわかりやすい事例です。実際、最近は一人の方が来られて、文章も書いて写真も撮ってという取材が増えてきています。

また、一般的には、定年後のセカンドキャリアを考えるときには、元の会社よりも規模の小さい会社に移る場合が多いです。そうなると、元の会社よりは人も少なくなりますから、営業一筋でがんばってきた人でも、営業だけでなく他の仕事もして欲しいというパターンになりがちです。であれば、多少経理もできる営業の人、あるいは多少営業もできる経理の人というのが、重宝されることになります。これも、スキルの斜め展開のひとつのパターンでしょう。

もちろん自分の関心の持てる分野というのが大前提ですが、このようにスキルの斜め展開によって、できる仕事の幅を広げておくと、未来のチャンスを拡大することに役立つはずです。

立ち止まってもいい、休んでもいい

とはいえ、多くの社会人の方々にとって、学びを考える際の大きな悩みは、やはり十分な時間を確保できないことだと思います。そのため、

ポイント③時間がないことを前提にすることが重要になります。

学生時代の勉強は、陸上競技にたとえると「短距離走」でした。とにかく短い時間で、できるだけたくさん詰め込む。それに対して大人の勉強は、「長距離走」でなければいけません。何かの資格試験を受けるといった場合は短距離走的な勉強が必要ですが、目の前にそう

したゴールが設定されていないなら、地道に歩めばいいのです。

とはいっても短距離走的なやり方しか教わってこなかったので、ギアの切り替えが必要です。長距離走的な学び方のポイントは、「楽しみながら勉強する」ことにあります。受験勉強のときは短い年月だとわかっていたから、我慢もできました。しかしゴールのない長距離走は、楽しめなければ決して長続きしません。

趣味と同じように、学ぶことの楽しさや、知識を吸収して能力を身につけることの楽しさを味わうことが大切です。その点、ある程度の人生経験を踏まえた人なら、景色を楽しみながら走るように、楽しく学ぶペース配分もできやすいはずです。

仕事をしながら何かの勉強を始めれば、「毎日これだけ勉強しよう」と決めておいても、仕事の忙しさに時間を取られてしまいます。「今日は付き合いで飲んじゃった」という日も出てきます。生まじめに考えすぎて、自分が立てた計画を実現できないことに絶望したりあきらめたりしてしまう人が、意外に多いものです。そんなときは「まあ、そんなもんだ」と、割り切ることです。

ときどき立ち止まってもいいし、しばらく休んでもいい。そのくらい気楽に構えることが長続きの秘訣だと、私は思っています。

第二部（3～5章）でおわかりのように、実は私自身もそんなふうに割り切ってきました。大検受験や大学の通信教育課程で学んでいたとき、勉強のスケジュールは立てましたが、2、3割しかこなせませんでした。それでも「まあ、そんなもんだ」と割り切っていました。「自分のペースで、自分が空いた時間に、自分が学びたいことをやる」というのが、私が提唱する独学の定義です。今までの著書に寄せられた感想でも、「途中で投げ出してもいいいんだとか、あきらめてもいいと書いてあったところに、とても勇気づけられた」という声が目立ちました。だいたい、一人で勉強してまじめにできる人なんてそんなにいるものではないのです。

「三毛作」の人生をめざそう

まえがきでも触れたとおり、人生100年時代の今は、本当は「三毛作の人生」をめざすのがいいと思っています。①20～40歳（普通に働く）、②40～60歳（①を活かした発展形）、③60～80歳（社会や地域への貢献）といった具合に切り替えると、人生を3回生きられます。

50歳くらいになったとき、「この職場にいれば安心だし、他に居場所もないから、自分の将来の発展とか楽しさは、犠牲にするしかない」という感覚を、多くの人が持つと思います。

面白そうな仕事があって、やってみたいけれども、家のローンはあるし、子どもの教育もあるし、親の介護もある。雇用が守られていることと裏腹に、「仕方ない。定年まであと何年、なんとか我慢するか」という諦念を持ちがちです。

しかし定年までの年月より、その先のほうが長いかもしれません。「明日からどうやって食べていこう」という切実な現実に直面したら、楽しみながら勉強する余裕は生まれません。65歳から先、さらに20年ぐらいの人生があると考えれば、「ああいうことをやってみようか」「今からこういう能力を身につけてみようか」という何かが見えてくるのではないでしょうか。手始めに10年後の自分を想定して、どんなことをやっていたいか考えてみればいいと思います。

「第二の人生が始まるから、会社を辞めて大学へ行くことにしたよ」といきなり切り出せば、「あなた、何考えてるの！」と家族の大反対に遭うことは明らかです。だからなるべく早い時期に、少しずつできることから取りかかるべきです。定年間際になってから慌てる人と、少しでも早い時期に楽しみながら学び始めていた人の差は、歳を重ねるにつれて大きく開いていくと思います。

大人の勉強法で一番大事なこと

以上、書いてきたことをまとめてみると、結局のところ、大人の勉強法で一番大事なのは**「自分のペースで勉強する」**ということでしょう。今は、オンラインの発達等によって、それがかなりやりやすくなっている時代です。

そしてときどき休む！　社会人として忙しくしているならなおさら、勉強に集中することが難しい場合もあるでしょう。できないときはできないと割り切る、勉強がお休みのときが生じてもしょうがない、そのくらいに割り切って、できるときに、自分のペースで休み休み勉強を進めるのが、結果的に長続きさせるコツです。

そして回り道をしてもよいから、自分のしたい勉強をする。自分が面白いと思えることを学ぶ姿勢が大事でしょう。わからなかったり、うまく進められなかったりして、挫折感を味わうことも少なくないかもしれません。でも、社会人の学びとはそんなものなのだと思います。多くの人がストレートにスイスイと勉強が進むわけではありません。

みんなこんなものだと思って、挫折するのが普通だというくらいに思って、また新たな学びをスタートさせていくことがポイントだと思います。

学びのスタンスとしては、何度も強調したように、「**今までの思考のクセから抜け出す**」ことが大きなポイントです。新しい学びも、そのためにあると言ってもよいくらいです。そもそも、同じ思考のパターンだと新しい知識も吸収しにくくなります。「当たり前のこと」「当然のこと」と思いこんでいるものはないか、当然の前提を疑う、アンラーンの姿勢が大切になります。

新しい知識を学ぶ際にも、これは今までの考え方とどう違うのだろうか、今までの発想や思考にどんな修正を迫るものかという観点から見てみるとよいかもしれません。

そもそも、これから必要な勉強法は、「**知識の吸収から、考える力の養成**」です。生成AI等が発達してきた今、「知っている」だけでは武器にはならないことは、だいぶ浸透してきた事実でしょう。これから必要なのは、知識を結びつける能力です。そのためには、できるだけ、自分で考えること、自分なりの考えを整理することです。

著者の考えを鵜呑みにせず、自分の考えを作っていくことが大切です。

このように書くと、自分の考えが「間違って」いたらどうするのですか、という質問をよく受けます。でも、間違ってもかまわないのです。そもそも、大人の勉強には正解はないのです。現代社会の課題にはほとんど正解はありません。その中でも、それぞれが、何が正解か考え続け、自分なりの正解を作りだすのが、大人の学びなのです。

最後に、「**目標を持つことの重要性**」を指摘しておきたいと思います。合格するという明確な目標のある受験勉強と違って、大人の学びは明確な目標があることが少ないです。でも、教養を身につける場合でも、生涯学習でも、何か目標を作ることは大切だと思います。

あとで変更してもよいから、軽い目標でもよいから、勉強の目標を作ることは、学びを続ける原動力となります。一日何時間勉強するといった類のものでももちろんよいのですが、もっと大きな、自分は何のためにこの勉強をしているのかというモチベーションにつながる目標です。

そのときに、誰か人のため、あるいは地域のため、という目標のあり方は、しばしば重要になる気がします。本人が夢中になって取り組めることがもちろん大事なのですが、人のために何か学ぶ、何かをできるようになるというのも、大切な目標だと感じるからです。

初出一覧

以下の記事をもとに大幅に加除修正を施し、再編集しました。

まえがき、1章　書き下ろし

2章　「人と企業を活性化させる学び直し」（インタビュー記事、『人事実務』2021年4月号）をベースに『日本経済新聞』2023年8月29日朝刊掲載「経済教室」を冒頭に加えて作成

3章〜5章　『独学という道もある』（ちくまプリマー新書、2009年）

6章　「40代からは『今までの価値観を忘れる』ことが〝学び直し〟になる理由」（『THE21』2022年7月号）

7章　「ミドルからの『不真面目独学』のすゝめ」（『文藝春秋』2015年11月号）

装幀　鈴木大輔・江崎輝美（ソウルデザイン）

柳川範之（やながわ・のりゆき）

東京大学大学院経済学研究科・経済学部教授。中学卒業後、父親の海外転勤に伴いブラジルへ。高校に通わず独学生活を送る。大検（当時）を受け慶應義塾大学経済学部通信教育課程へ入学、シンガポールで通信教育を受けながら独学生活を続ける。卒業後、東京大学大学院経済学研究科博士課程修了。経済学博士（東京大学）。『法と企業行動の経済分析』（日経・経済図書文化賞）、『東大教授が教える独学勉強法』『東大教授が教える知的に考える練習』、『Unlearn（アンラーン）　人生100年時代の新しい「学び」』（為末大氏との共著）など著書多数。

東大教授《とうだいきょうじゅ》がゆるっと教《おし》える
独学《どくがく》リスキリング入門《にゅうもん》

2024年3月10日　初版発行

著　者　柳《やな》川《がわ》範《のり》之《ゆき》
発行者　安部順一
発行所　中央公論新社
〒100-8152　東京都千代田区大手町1-7-1
電話　販売 03-5299-1730　編集 03-5299-1740
URL https://www.chuko.co.jp/

DTP　市川真樹子
印　刷　大日本印刷
製　本　小泉製本

Published by CHUOKORON-SHINSHA, INC.
Printed in Japan　ISBN978-4-12-005759-5 C0004